uff'm WASA

Cannstatter Volksfest

D1753842

Hans-Peter Grandl (Jahrgang 1958) studierter Betriebswirtschaftler, ist Volksfestwirt mit Leib und Seele. Der Inhaber der Grandls Festbetriebe, zu denen auch die Gastronomie der Schleyer-Halle und der Porsche-Arena gehört, setzte sich als Erster für die Wiederentdeckung der Trachten auf dem Cannstatter Wasen ein. Neben anderen Initiativen begründete er auch das Königlich-Württembergische Hofbräu-Regiment, eine der beliebtesten Wasen-Bands.

Carolyn Hutter (Jahrgang 1983) steht für die junge Generation, die angesichts der Globalisierung wieder Traditionen der Heimat und Werte des Brauchtums entdeckt. „Offen für die Welt und die Moderne, aber wissen wo man herkommt und seine Heimat hat", so ihr Motto. Die diplomierte Wirtschaftswissenschaftlerin studierte an der Universität Hohenheim, die ebenso wie das Cannstatter Volksfest von König Wilhelm I. begründet wurde.

Hans-Peter Grandl
Carolyn Hutter

uff'm WASA

Das ultimative Wasenbuch

HamppVerlag

Impressum

Originalausgabe 2010

Weitere Informationen über das Verlagsprogramm finden Sie unter:
www.hamppverlag.de

Dieses Werk einschließlich aller seiner Teile ist urheberrechtlich geschützt. Jede Verwertung außerhalb der engen Grenzen des Urheberrechtsgesetzes ist ohne Zustimmung des Verlages unzulässig und strafbar. Das gilt insbesondere für Vervielfältigung, Übersetzungen, Mikroverfilmung und die Einspeicherung und Verarbeitung in elektronische Systeme.

© 2010 Hampp Media GmbH, Stuttgart

Bildnachweis:
Umschlag: Wulf Wager.
Umschlag Rückseite: Andreas Schönknecht.
Grandls Festbetriebe GmbH: S. 11, 30/31, 32, 33; Ideas & more GmbH: S. 33 (Foto: Ranzen); in.stuttgart Veranstaltungsgesellschaft mbH Co. KG: S. 8, 21, 36, 37, 40/41; Kurz, Jörg: S. 24 o.; Shutterstock: S. 1, 42 Dmitry Rukhlenko (Foto: Krüge), S. 69 vectorkat (Illustration: Gitarren); Stadtarchiv Stuttgart: S. 22 o. Foto Ludwig Windstoßer; Stuttgart Marketing: S. 1, 26; Stuttgarter Hofbräu: S. 27; Tourismus Marketing GmbH Baden-Württemberg: S. 34/35.

Ausführung Württemberger Wappen und Zeichnungen Wasen-Zelte:
W. Lang/© ideas & more GmbH

Der Verlag hat sich intensiv darum bemüht, alle Urheber bzw. Rechteinhaber zu ermitteln. Leider ist uns das nicht in allen Fällen gelungen. Wir bitten daher Rechteinhaber, sich in berechtigten Fällen mit dem Verlag in Verbindung zu setzen.

Idee/Konzeption: Claudia Petermann
Projektleitung: Alexander Kurz
Redaktion: Dorothea Kallenberg, Alexander Kurz
Umschlaggestaltung, Layout und Satz: Publikmacher.de, Stuttgart
Repro: PointPrePress, Stuttgart
Druck und Bindung: Offizin Scheuffele, Stuttgart

Printed in Germany
ISBN: 978-3-942561-04

*Wappen des
Königreichs Württemberg
© dieser grafischen Neugestaltung:
ideas & more GmbH*

Auf Fahnen, Bierkrügen, T-Shirts und vielerlei anderen Souvenirs steht das Württemberger Königswappen gleichsam als Symbol dafür, dass einst der württembergische König Wilhelm I. das Volksfest stiftete und heute wieder viele Menschen die Geschichte ihrer Heimat entdecken und die Bewahrung von Tradition und Brauchtum als Teil ihrer eigenen Identität sehen.

Inhalt

- **2** Die Autoren
- **9** Vorwort – Feiern, schunkeln …

Die Geschichte vom Wasa

- **10** Die Krüge hoch …
- **12** Vulkanausbruch mit Folgen
- **16** Ein findiger König
- **18** Das Volksfest – ein Erfolgsmodell
- **20** Der Wasen im Wandel
- **25** Treffpunkt Nummer 1: die Fruchtsäule
- **26** Dabei sein ist alles – der Volksfestumzug
- **28** Symbol für das Volksfest
- **32** Tracht ist Mode
- **34** Das Fest der Superlative
- **38** Wasen – was ist das eigentlich?

INHALT

Die beliebtesten Volksfest-Lieder
- **43** Württemberger Hymne („Der reiche Fürst")
- **46** Sierra Madre del Sur
- **47** Einen Stern, der deinen Namen trägt
- **49** Auf 'm Wasa
- **51** Griechischer Wein
- **53** Er gehört zu mir
- **55** Wahnsinn
- **57** Auf der Schwäb'sche Eisebahna
- **60** Ab in den Süden
- **62** Wasen, du mein Traum
- **64** Fiesta Mexicana
- **66** Verdammt, ich lieb dich
- **68** Summer of '69
- **70** 99 Luftballons
- **72** Liebeskummer lohnt sich nicht
- **74** Skandal im Sperrbezirk
- **76** Muss i denn

Wissenswertes
- **78** Kleines Wasen-Schwaben-Lexikon
- **90** Wohin auf dem Wasen? Die großen Zelte

Service
- **98** Volksfest-Lieder alphabetisch
- **99** Stichwortverzeichnis
- **100** Danksagung

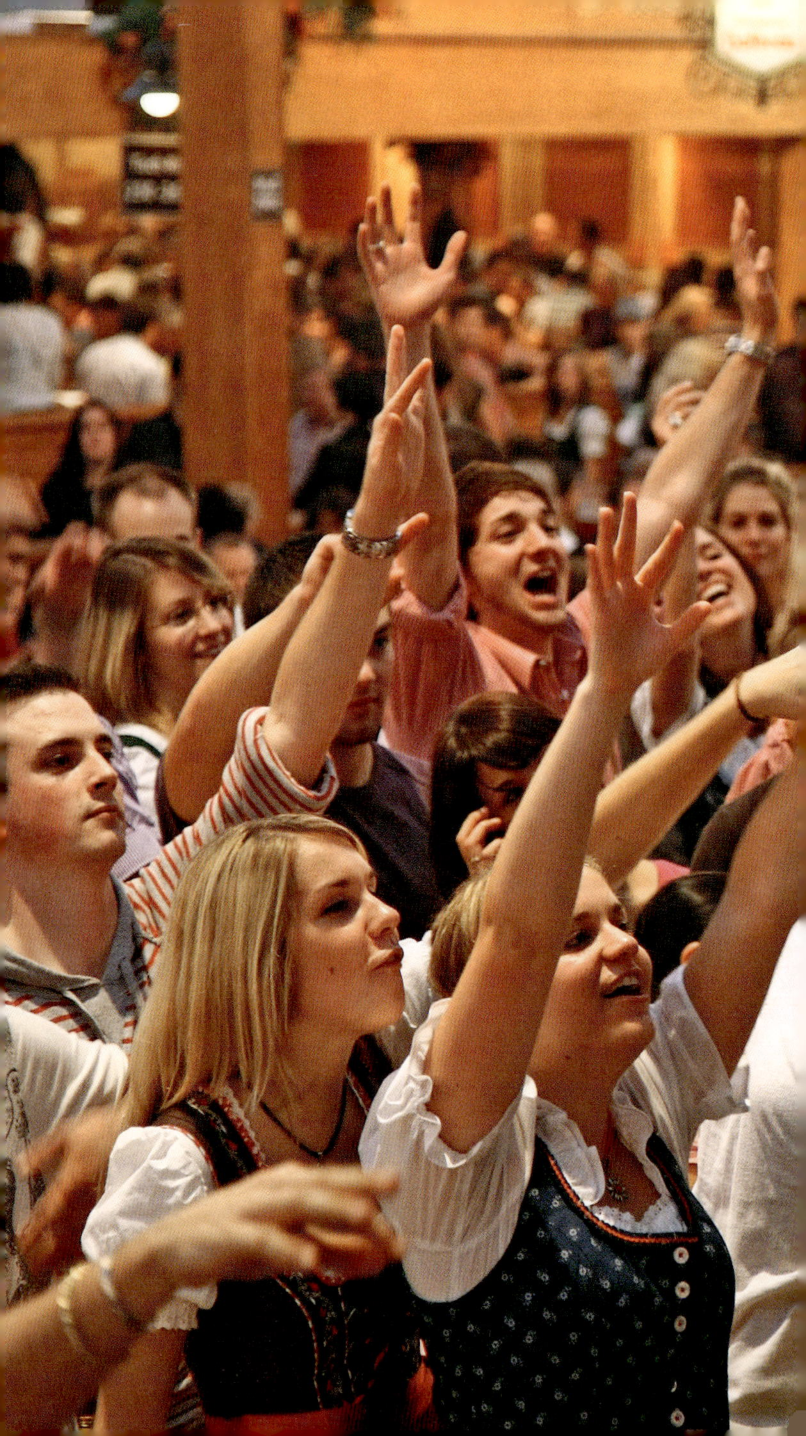

VORWORT

Feiern, schunkeln...

...fröhlich sein. Seit annähernd 200 Jahren strömen die Menschen zum Volksfest auf den Cannstatter Wasen. Im Mittelpunkt des Festgeschehens, das sich in den Zelten und in den Gassen zwischen den Schaustellerbuden und den gleichermaßen fantasievollen wie atemberaubenden Fahrgeschäften abspielt: Zerstreuung vom Alltag, Freunde treffen und Vergnügen genießen. Das Cannstatter Volksfest hat im Laufe seiner Geschichte vielfache Wandlungen erfahren und war doch immer eines: Ort der Begegnung und der fröhlichen Zerstreuung der Menschen ganz unterschiedlichen Alters. Seit der Jahrtausendwende entdeckt auch die Jugend das Volksfest wieder als etwas ganz Besonderes. Ja, das Volksfest auf dem Cannstatter Wasen scheint mehr denn je Kult geworden zu sein. Das zeigt sich auch daran, dass verstärkt junge Leute in Tracht auf den Wasen kommen und Freunde aus anderen Teilen des Landes und aus der ganzen Welt mit hierherbringen. Das gilt auch für das Stuttgarter Frühlingsfest, das sich in den letzten Jahren zum kleinen Volksfest entwickelt hat und mit dem man ebenfalls auf eine beachtliche Tradition zurückblicken kann.

Zum Feiern gehört seit Menschengedenken auch das Singen. Und genau zu diesem gemeinsamen Singen, zur Wiederentdeckung und Pflege heimischer Festtraditionen und damit zum undogmatischen Heimatbewusstsein, soll dieses Buch ein kleiner Beitrag sein
Wir wünschen viel Spaß „uff'm Wasa" und bei anderen Festen.
Ganz nach dem Motto der Württemberger: „Furchtlos und treu"!

Carolyn Hutter • Hans-Peter Grandl

Die Krüge hoch...

...DAS IST WOHL einer der häufigsten Aufrufe der Musikkapellen und Party-Bands auf dem Cannstatter Wasen.

Schon seit den Anfängen des Festes standen Feiern und Fröhlichsein neben dem Besuch der Marktstände, Schaustellerbuden und Fahrgeschäfte im Mittelpunkt des größten Festes der Schwaben. Über vier Millionen Menschen suchen alljährlich

Ländliche Gebräuche in Würtemberg.
Das Volksfest in Cannstadt.

Unterhaltung, Zerstreuung und Vergnügen auf dem rund 37 Hektar großen Festgelände. Alle vier Jahre treffen sich viele Fachbesucher, die sich für Traktoren, Tiere und andere Fragen rund um die Landwirtschaft interessieren. Dann nämlich findet

DIE GESCHICHTE VOM WASA

parallel zum Volksfest das Landwirtschaftliche Hauptfest statt. Es ist die eigentliche Wurzel des Volksfestes.

Über 30 000 Besucher sollen zum ersten Cannstatter Wasen gekommen sein – viele von weit her. Eigentlich verständlich, wenn man bedenkt, dass es zu Beginn des 19. Jahrhunderts nur wenige größere Feste gab: den Markgröninger Schäferlauf, den Uracher Schäferlauf, die Pferdemärkte in Bietigheim, Ludwigsburg und Leonberg, den Vaihinger Maientag oder das Salzsieder-Fest in Schwäbisch Hall. Doch der Anlass für die

In den Festzelten wird Stimmung großgeschrieben.

Stiftung des Cannstatter Volksfestes durch den württembergischen König Wilhelm I. war nicht die Schaffung eines populären Freizeitvergnügens, im Gegenteil: Die Gründung des Festveranstaltung geht auf eine höchst tragische Ursache zurück.

Vulkanausbruch mit Folgen

IM APRIL 1815, also rund dreieinhalb Jahre vor Gründung des Cannstatter Volksfestes, gab es auf der indonesischen Insel Sumbawa einen gewaltigen Vulkanausbruch mit Auswirkungen auf das Weltklima.

Erst 1920 wurde bekannt, dass der Ausbruch des Vulkans Tambora in Indonesien für das katastrophale Wetter im Jahre 1816 verantwortlich war. Die dadurch ausgelöste kurzzeitige Klimaveränderung führte letztlich zur Begründung des Volksfestes.

Der damals rund 4300 Meter hohe Vulkan Tambora war zuvor mehrere Jahrhunderte inaktiv, doch hatte sich in einer großen Magmakammer in Tiefen zwischen 1,5 und rund 4 Kilometern bei Temperaturen von 700 bis 800 °C ein gewaltiger

Druck aufgebaut. Bei der Explosion wurde die fast unvorstellbare Menge von 100 Kubik-Kilometer Gestein weggesprengt, sodass der Vulkan seitdem nur noch 2850 Meter hoch ist. Rund 170 000 Hiroshima-Bomben – so wird geschätzt – soll die Sprengkraft dieses Vulkanausbruches betragen haben. Aufzeichnungen von Zeitzeugen aus vielen Weltgegenden belegen, dass der Vulkanausbruch auf Sumbawa, östlich von Java, akustisch noch in 2000 Kilometern Entfernung wahrnehmbar war, die Druckwellen waren sogar bis in eine Entfernung von 15 000 Kilometer spürbar. Zehntausende von Menschen im Umfeld des Vulkans verloren durch den Ausbruch ihr Leben. Die genauen weltweiten Opferzahlen sind nie erfasst worden. Doch der Tambora hatte auch einen erheblichen Einfluss auf das Wetter in vielen Ländern der Welt. Durch die Luftströmungen wurden Staubpartikel, die der Vulkan in die Atmosphäre geschleudert hatte, um den ganzen Globus verteilt. Für Europa und Nordamerika gilt seitdem das Jahr 1816 als „Jahr ohne Sommer". Die verzweifelten Menschen wussten allerdings nichts von den Ursachen ihrer Not. Die Folgen der Katastrophe waren neben Unwettern auch zahlreiche Überschwemmungen, niedrige Temperaturen und anhaltende Regenfälle. Erst 1920 hat William Humphreys – ein in den Vereinigten Staaten tätiger Klimaforscher – herausgefunden, dass der Tambora einen vulkanischen Winter verursacht hatte.

Heute können wir in Echtzeit von nahezu jeder Stelle der Erde aus kommunizieren. So war es möglich, den Ausbruch des Vulkans Eyjafjallajökull auf Island im März und April 2010 in gewisser Weise hautnah mitzuerleben. Dabei gab es keine Todesfälle. Aber wegen der tagelangen Flugausfälle war in

Deutschland, Österreich, der Schweiz, Italien und anderen Ländern zu erfahren, was ein solcher Vulkanausbruch anrichten kann. Ein Glück, dass wir heute nicht hungern müssen!

Ganz anders im Vorfeld der Volksfestgründung. Schon der Winter 1815 auf 1816 war der kälteste, an den sich die Menschen erinnern konnten. Das folgende Jahr war durch die Ernteausfälle und dadurch bedingte Hungersnöte und Wirtschaftskrisen gekennzeichnet. Viele Menschen verließen aus Verzweiflung ihre Heimat. Weil es kaum Getreide gab, stiegen auch die Haferpreise ins Unermessliche. Eine der Folgen war der Rückgang des Pferdebestandes in Europa. Ein Teufelskreis, denn weniger Pferde bedeuteten weniger Arbeitstiere für Acker und Feld. Während in der Schweiz der Notstand ausgerufen wurde, kam es in England und Frankreich sogar zu Volksaufständen. Auch in Württemberg hungerten viele Menschen. Die Not war so groß, dass das knappe Mehl mit Sägespänen gestreckt werden musste. Saatkartoffeln wurden wieder ausgegraben. Und weil Pferde und Esel nicht mehr ausreichend gefüttert werden konnten, war die Mobilität eingeschränkt. Als Ersatz erfand der Mannheimer Karl Drais den Vorläufer des Fahrrades, die Draisine.

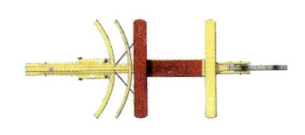

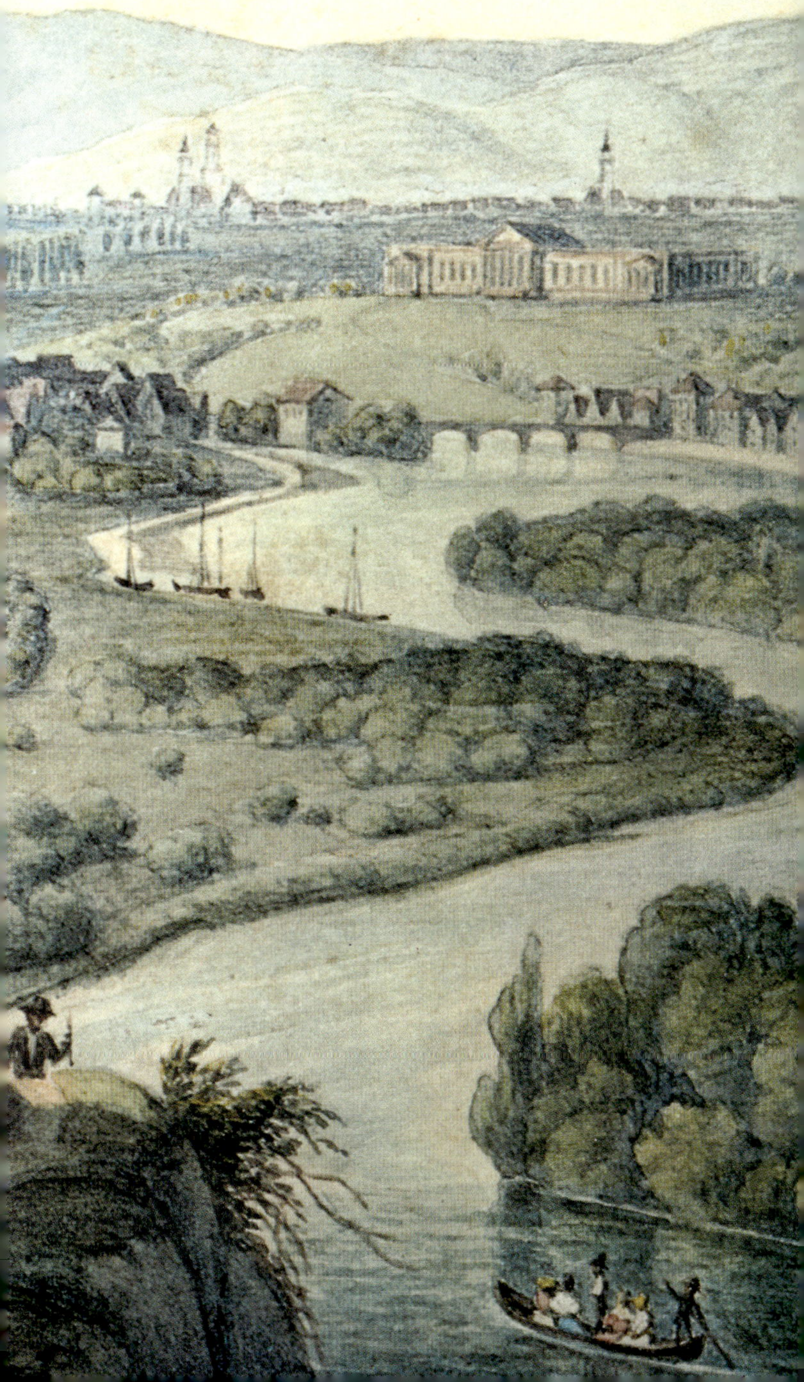

Ein findiger König

NOT MACHT ERFINDERISCH – und so zeigten sich König Wilhelm I. und seine russische Frau Katharina, Tochter des russischen Zaren Paul I., ideenreich.

Genau in dem von Hungersnöten und Missernten geprägten Jahr 1816 musste König Wilhelm I. von Württemberg nach dem Tod seines Vaters König Friedrich von Württemberg die Regentschaft antreten. Wegen der verwandtschaftlichen Bande zum Zarenreich erfolgten zunächst Getreidelieferungen aus Russland. Schnell sann man aber auf weitere – aus heutiger Sicht sehr nachhaltige – Maßnahmen. Das Ziel des Königs war es, die Situation der Bevölkerung zu verbessern und die Agrarwirtschaft zu modernisieren. Um Wissenschaft, Forschung und Agrarpraxis zu optimieren, gründete der König 1818 eine landwirtschaftliche Unterrichts-, Versuchs- und Musteranstalt. Sie war Vorläufer der heutigen Universität Hohenheim. Und Königin Katharina leitete einen Wohltätigkeitsverein, der ab 1817 einer innerstaatlichen Entwicklungshilfe vergleichbar war und sich der Hunger- und Katastrophenhilfe widmete. Aus dieser Organisation heraus wurde 1818 die Württembergische Sparkasse begründet. In diese Zeit fiel auch die Gründung des Cannstatter Volksfestes. König Wilhelm und seine

Frau Katharina initiierten dafür die „Centralstelle des Landwirtschaftlichen Vereins". Damit wurde das erstmals 1818 durchgeführte Landwirtschaftliche Fest mit Preisverleihungen

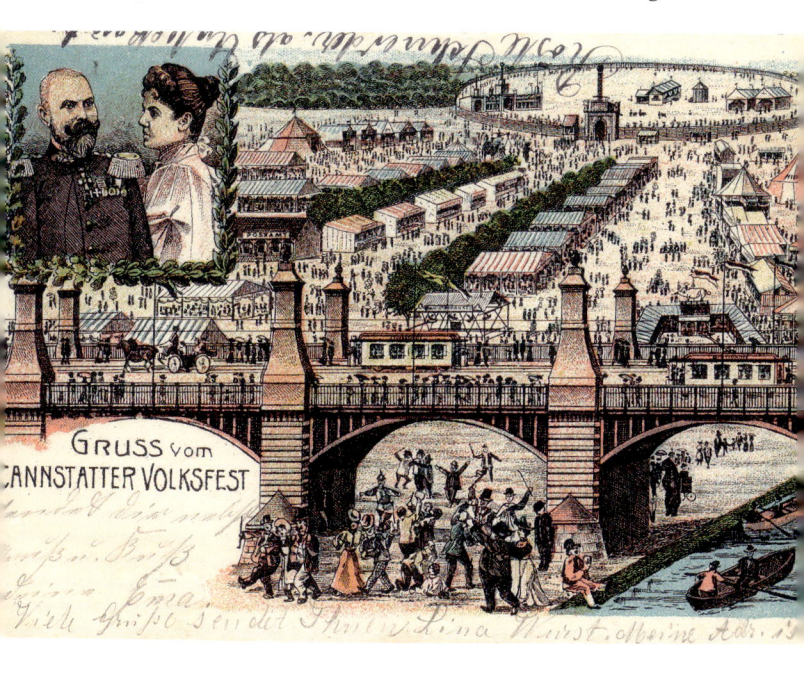

für hervorragende Leistungen in der Viehzucht und ein Volksfest begründet. Das Cannstatter Volksfest wurde dann erstmals am 28. September 1818, einen Tag nach dem 36. Geburtstag des Königs, gefeiert. Und so orientiert sich der Termin für das Volksfest traditionell noch immer am Geburtstag von König Wilhelm I. Nicht umsonst wurde dieser wegen seiner großzügigen Förderung der Agrarwirtschaft als „Landwirt unter den Königen und König unter den Landwirten" bezeichnet.

Das Volksfest – ein Erfolgsmodell

DER ERSTE WASEN dauerte gerade mal einen Tag – und doch kamen mehr als 30 000 Besucher an den Neckar.

Schnell gewann das Volksfest auf dem Cannstatter Wasen an Bedeutung. Die damalige (erst 1905 mit Stuttgart vereinte) Oberamtsstadt Cannstatt hatte seinerzeit nur etwa 3000 Einwohner, doch schon früh kamen auch allerlei „Promis" auf den Wasen. Ein Highlight war das 25-jährige Regierungsjubiläum von König Wilhelm I. am 28. September 1841; ein anderes das Treffen des französischen und russischen Kaisers mit einem Besuch auf dem Wasen am 28. September 1857 (siehe die zeitgenössische Illustration unten). Und am 28. September 1876 fand der deutsche Kaiser Wilhelm I.

DIE GESCHICHTE VOM WASA

mit seinem Schwager, Großherzog Friedrich I., den Weg nach Cannstatt. Es scheint ihnen gut auf dem Volksfest gefallen zu haben, denn im Jahr 1881 kamen sie noch einmal auf den Wasen. Eigentlich ist es schon verwunderlich, dass das zunächst eintägige Festereignis erst allmählich auf drei und später vier Tage ausgedehnt wurde. Erst in den goldenen Zwanzigern des letzten Jahrhunderts wurde das Volksfest an fünf Tagen gefeiert. Doch sowohl das Landwirtschaftliche Hauptfest als auch der Vergnügungspark mit Festzelten entwickelten sich zum absoluten Erfolgsmodell. So fand dann Anfang der 1950er-Jahre – die Leute hatten sicherlich von den Kriegsjahren einiges nachzuholen – der Wasen an zehn und später an zwölf Tagen statt. Seit 1972 feiert man das Volksfest jährlich an sechzehn Tagen. Und seit 2007 wurde – auch um den Wasen fernsehgerecht starten zu können – der Beginn vom Samstag auf den Freitag vorverlegt; seitdem ist siebzehn Tage lang Stimmung pur angesagt.

Der Wasen im Wandel

Zu Anfang war das Volksfest eine Landwirtschaftsmesse mit ein paar Buden und Pavillons zur Versorgung von Ausstellern und Gästen.

Heute dominieren die großen Zelte und der größte mobile Vergnügungspark der Welt. Die Bierzelte sind nach und nach größer geworden, das Spektrum der Schaustellerbuden, der Marktstände und der Fahrgeschäfte änderte sich immer wieder, die Attraktionen wurden ausgefallener. Trotzdem hat dieser Wandel auch etwas Beständiges. Nämlich die Tradition des Bummelns, des Staunens, des Entdeckens und Genießens, des Feierns und Fröhlichseins auf dem größten Fest der Schwaben. Längst ist es zu einem der größten Volksfeste Europas und der Welt geworden. Von Jahr zu Jahr finden immer mehr Menschen aus dem europäischen Ausland, aber auch aus Nord-

und Südamerika, aus Asien und Australien auf den Wasen. Immer mehr wird der Besuch der prächtig geschmückten Festzelte zum Kult. Nicht nur knusprige Göggele, frisches Bier und leckere Weine, sondern vielerlei andere schwäbische und internationale Spezialitäten bieten für jeden etwas.

Blasmusik am Vormittag und Stimmungsbands am Abend sorgen ebenso für Unterhaltung wie der Auftritt so mancher Stars. Und draußen vor den Zelten, wenn bei Einbruch der Dämmerung ein bunter Lichterreigen den frühherbstlichen Abend und die Nacht verzaubern, mischt sich der Duft von gebrannten Mandeln und Lebkuchenherzen mit dem Aroma von Bratwürsten, Steckerl-Fisch und anderen Leckereien. Das Rattern, Knattern und Pfeifen der Fahrgeschäfte vereint sich mit der Musik aus den unzähligen Lautsprechern der Boxautos, Riesenräder, Karussells und hochtechnisierter Fahrattraktionen und mischt sich mit den Ansagen der Schausteller und dem vielstimmigen Gemurmel tausender Besucher zu einer einzigartigen Geräuschkulisse.

Momentaufnahmen aus der rund 200-jährigen Wasentradition: Festzeltatmosphäre in den 60er-Jahren des vorigen Jahrhunderts und Gaukler auf dem Cannstatter Wasen zur Mitte des vorletzten Jahrhunderts. Immer im Mittelpunkt: Festtreiben, Unterhaltung und Stimmung.

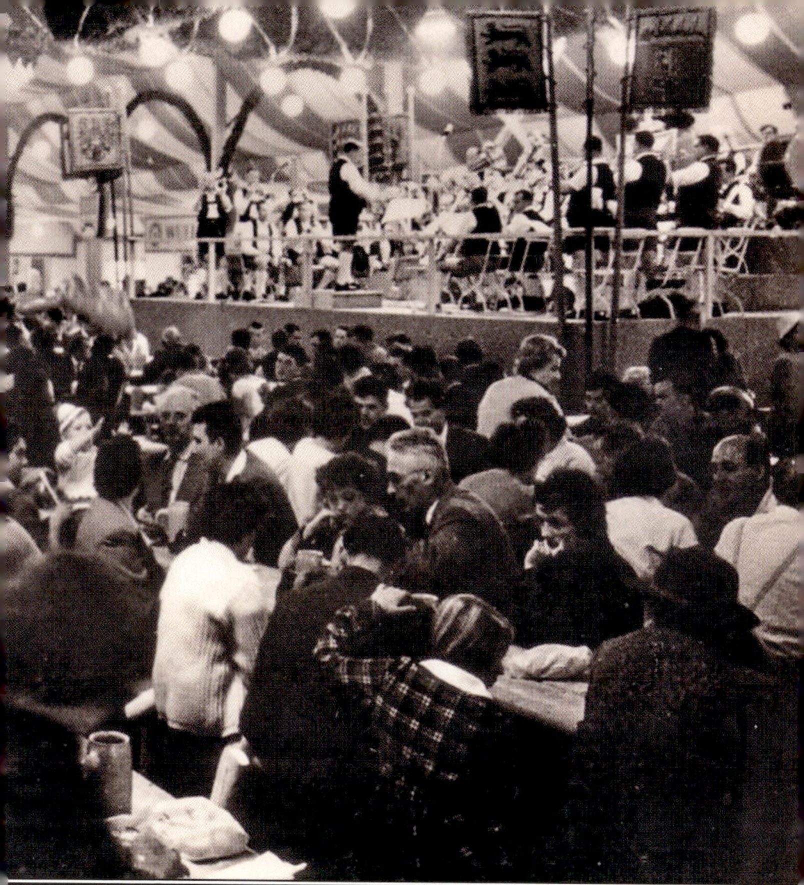

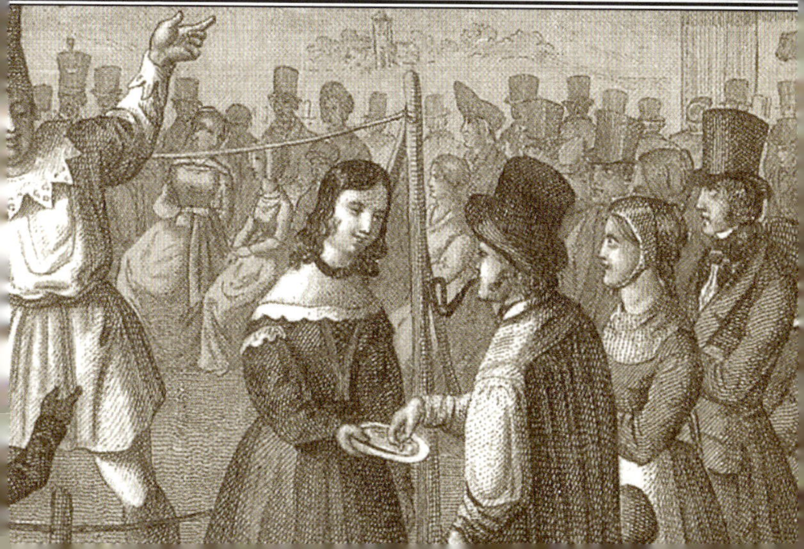

Der damalige königliche Hofbaumeister Thouret gestaltete die erstmals 1818 aufgestellte Fruchtsäule.

Treffpunkt Nummer 1: die Fruchtsäule

OB FAMILIEN, Freundeskreise oder Liebespaare: Für sie alle ist die Fruchtsäule Treffpunkt Nummer eins.

Die 26 Meter hohe, auf einem fünf Meter hohen Sockel stehende Fruchtsäule ist *das* Wahrzeichen des Cannstatter Volksfestes. Sie wird für das Volksfest traditionell mit Filderkraut, Getreide und anderen Früchten des Feldes geschmückt. Alljährlich sind es rund drei Tonnen Obst und Gemüse – ein Zeichen des Erntedanks und der Erinnerung an den Ursprung des Volksfestes als landwirtschaftliches Fest. Die rund 3,5 Tonnen schwere Fruchtsäule steht heute auf dem Info-Pavillon der Stuttgarter Veranstaltungsgesellschaft „in.Stuttgart". Sie wurde 1972 in Anlehnung an die erste Fruchtsäule von 1818 entwickelt. Gestaltet hat sie damals der Königliche Hofbaumeister Nikolaus Friedrich von Thouret, der einst auch dem württembergischen Königswappen mit dem sinnhaften Spruch „Furchtlos und treu" eine neue Form gab. Zu seinen bedeutendsten Werken gehört die Vollendung des 1785 begonnenen Schlosses Hohenheim, der Wiederaufbau des Weimarer Stadtschlosses (übrigens auf Empfehlung von Johann Wolfgang von Goethe), die Innengestaltung des Neuen Schlosses in Stuttgart, des Schlosses Solitude und das Seeschloss Monrepos. Thouret war ebenso verantwortlich für die klassizistischen Veränderungen des Barockschlosses Favorite in Ludwigsburg und für den Bau des großen Kursaales in Cannstatt.

Dabei sein ist alles – der Volksfestumzug

DER FESTUMZUG gehört heute zum Cannstatter Wasen wie die Fruchtsäule und die Festzelte.

Auch wenn der Umzug keine so lange Tradition wie das Volksfest hat, wurde immerhin schon 1841 ein Festzug organisiert. Mehr als 10 000 Menschen sollen als Mitwirkende daran teilgenommen haben und sie wurden von über 100 000 Zuschauern entlang der Straßen begeistert gefeiert. Der Volksfestumzug, der am Sonntag nach den ersten beiden Festtagen stattfindet, geht auf das Jahr 1927 zurück. Weit über 100 prächtig geschmückte Festwagen, zahlreiche Musikkapellen, Trachtengruppen, Pferde und historische Themen-Gruppen

Volksfestumzug in den Gassen Bad Cannstatts

DIE GESCHICHTE VOM WASA

Noch immer pflegen die großen Brauereien die schöne Tradition der prächtig geschmückten Pferdegespanne, die sich häufig auch vor den Zelten präsentieren.

sowie Oldtimer-Fahrzeuge ziehen vom Daimler-Platz über die König-Karl-Straße, Liebenzeller Straße, Wilhelmstraße, Brunnenstraße, Marktstraße, den Wilhelmplatz sowie die Seelbergstraße und die Daimlerstraße auf den Wasen. Seit einigen Jahren sind auch Hohenloher Weideochsen und Schwäbisch-Hällische Schweine der Bäuerlichen Erzeugergemeinschaft Schwäbisch Hall mit dabei – als Symbol für einen lebendigen Dialog von Stadt und Land. Organisiert wird der Volksfestumzug vom Cannstatter Volksfestverein. Dieser informiert alljährlich über den genauen Ablauf des Umzugs und die Mitwirkenden *(www.cannstatter-volksfest-verein.de)*.

Symbol für das Volksfest

DAS WÜRTTEMBERGER WAPPEN erfuhr im Laufe der Geschichte ähnlich viele Veränderungen wie das Land selbst.

Im Herzschild des Wappens abgebildet sind die drei württembergischen Hirschstangen und daneben drei Löwen, das Symbol der Staufer. Diese waren bis zum Erlöschen des Geschlechts im 13. Jahrhundert Herzöge von Schwaben.

Die liegenden Hirschstangen gehen auf Darstellungen des Grafen Konrad aus dem Jahr 1228 zurück. Kennzeichnend für das Württemberger Wappen sind auch die sogenannten Schildhalter: Der mal schwarz oder grau abgebildete Löwe auf der linken und der goldene Hirsch auf der rechten Seite. So tauchen die Elemente des Wappenschildes, nämlich die Hirschstangen und die Löwen, in anderer Form noch einmal auf.

Das hier abgebildete Württemberger Königswappen ist eine grafische Neuinterpretation von © ideas & more GmbH und geht auf die Fassung von 1817 zurück.

**Das Württemberger Königswappen
ist auch Symbol für die Gründung des
Volksfestes durch König Wilhelm I. und
ist – in unterschiedlicher Ausführung –
auf dem Cannstatter Wasen auf exklusiven
Gürteln (Ranzen), Trachtenhosen und
-schürzen, Westen sowie auf vielerlei
T-Shirts, Schals, Fahnen, Krügen und
anderen Souvenirs zu finden.**

Das Besondere gegenüber vielen anderen Wappen ist das Selbstbewusstsein demonstrierende rote Band mit der Inschrift „Furchtlos und treu!". Die Farben des Spruchbandes symbolisieren die Landesfarben Württembergs Schwarz und Rot, welche erstmals 1816 eingeführt wurden. Das ovale, mit einem goldenen Eichenkranz umwundene Schild trägt einen Helm mit Krone.

Elemente des Wappens des Königreiches Württembergs leben bis in unsere Zeit in anderen Wappen und Symbolen fort. So sind die drei Staufer-Löwen heute im Schild des Landes Baden-Württemberg enthalten. Sie symbolisieren, dass einst die Stauferherzöge über nahezu alle Gebietsteile des heutigen Landes Baden-Württemberg geherrscht haben. Auch das rot-gelb-schwarze Emblem des VfB Stuttgart zeigt, in etwas

> Die Festwirte auf dem Wasen sind bestrebt, die besten Partybands und Musikkapellen zu verpflichten. Dazu gehört auch das „Königlich-württembergische Hofbräu-Regiment".

vereinfachter Form, die dem Wappen der Württemberger entlehnten Hirschstangen. Selbst die weltbekannte Automarke Porsche hat signifikante Elemente des Wappens in ihrem Markenzeichen: Die zweimalige Wiedergabe der drei Hirschstangen sowie das markante Schwarz-Rot sind unverkennbar. Ergänzt wird das Ganze durch das Stuttgarter Rössle in der Mitte des Porsche-Emblems.

Das Motto „Furchtlos und treu" und das damit verbundene württembergische Königswappen ist heute für eine immer größer werdende Fangemeinde ein Symbol. Es steht für die gewachsene Identität vieler Bürgerinnen und Bürger, die sich dem Kernland der Schwaben, seinen Traditionen und Gebräuchen verbunden fühlen und sie mit Leben erfüllen und fortentwickeln!

Tracht ist Mode

NEUESTER TREND in Sachen Tradition ist die Wasen-Tracht. Immer mehr Menschen identifizieren sich mit Heimat und Tradition und wollen sich auch beim Volksfest entsprechend präsentieren.

Unter der Regie der Veranstaltungsgesellschaft „in.Stuttgart" und unter Mitwirkung einer Jury wurde eigens eine Wasen-Tracht entwickelt. Kennzeichnend für die festlichen Wasen-Dirndl oder die schwarze Leder-Kniebundhose mit passendem Trachtenhemd und Janker für den Herrn ist das eingestickte Württemberger Königswappen. Mittlerweile gibt es auch eine Vielzahl anderer Württemberger Bekleidungsutensilien, so etwa einen „Ranzen". So heißen schon von alters her die breiten Gürtel in Süddeutschland, der Schweiz, in Österreich und Südtirol. Ranzen gehören zu verschiedenen Trachten und so war

DIE GESCHICHTE VOM WASA

es überfällig, dass es für den Wasen und andere Gelegenheiten einen Württemberger Ranzen gibt. Der lässt sich auch bestens zu Jeans und anderen Hosen tragen. Und wenn jemandem „der Ranzen spannt", weil er ordentlich gegessen und getrunken hat, so ist damit nicht in erster Linie der Bauch, sondern der breite Ranzen-Gürtel gemeint.

Württemberg-Produkte gibt es unter anderem bei:
www.mein-wuerttemberg.de
www.wasen.de
www.woascht.de
www.thingsforkings.de

Das Fest der Superlative

BEI GENAUER BETRACHTUNG zeigt sich, dass der Cannstatter Wasen das Volksfest der Superlative ist.

Rund 17 000 Menschen arbeiten, direkt oder indirekt, für das Cannstatter Volksfest. Damit ist dieser Groß-Event ein wichtiger Wirtschaftsfaktor für die Stadt und die Region Stuttgart, ja für das ganze Land. Auch profitieren davon viele Zulieferer wie Bäcker und Metzger sowie landwirtschaftliche Erzeugergenossenschaften und natürlich viele Dienstleistungsbetriebe, der Handel sowie die Hotellerie. Pro Festtag sind es übrigens rund

1500 Menschen, die auf dem Volksfest arbeiten, damit die vielen tausend Besucher ihrem Vergnügen nachgehen können. Ein großes Fest braucht entsprechende Vorbereitung. Die ersten Aufbauarbeiten auf dem Wasen beginnen deshalb schon ein Vierteljahr vor der Volksfesteröffnung. Ob Wirte, Schausteller oder die Händler des Krämermarktes: Insgesamt sind es sage und schreibe 330 Unternehmen, die zum Gelingen des großen Volksfestes beitragen. Zusammengenommen erstrecken sich die 330 Betriebe über eine Front von fünf Kilometern Länge auf dem 37 Hektar großen Festgelände.

Wo so viel gefeiert und gefestet wird, ist auch eine entsprechende Versorgung erforderlich. Der Wasserverbrauch beträgt

Leckere Spezialitäten aus der Region

über 40 000 Kubikmeter und der Energieverbrauch entspricht dem einer Kleinstadt mit 35 000 Einwohnern. Um Verantwortung zu zeigen, wurde in „Grandls Hofbräu Zelt" im Jahr 2009 damit begonnen, eine Nachhaltigkeitsstrategie umzusetzen. Im Zusammenwirken mit der Umweltstiftung NatureLife-International wird das durch den Energieverbrauch bedingte CO_2-Aufkommen kompensiert, indem Regenwaldflächen angepflanzt werden. Außerdem wird ein konkreter Beitrag für den Umweltschutz geleistet, indem immer mehr Produkte aus nachhaltiger biologischer Landbewirtschaftung angeboten werden. Partner hierbei sind die in der Bäuerlichen Erzeugergemeinschaft Schwäbisch Hall zusammengeschlossenen 1000 Hohenloher Landwirte. Wenn die Bauern auf dem Land nachhaltig und biologisch wirtschaften, können die Städter besser essen. Und wenn die Städter besser und bewusster essen und dafür auch entsprechend gerechte Preise zahlen, können die Bauern besser wirtschaften und die schönen Erlebnisland-

Eine der ältesten Volksfest-Attraktionen: das Kettenkarussell

schaften unserer Heimat pflegen. Nach dieser Philosophie hat Fürst Philipp zu Hohenlohe-Langenburg die Schirmherrschaft über diese neue Form der Partnerschaft übernommen. Er steht mit dem Schloss Langenburg und den umgebenden Wäldern für das faszinierende Ineinandergreifen von Natur und Kultur.

Zählt man die Kapazitäten der Bierzelte zusammen, so kommt man auf rund 30 000 Plätze. Und Besucher? Jährlich sind es mehr als vier Millionen Menschen, die es auf den Wasen zieht. Erhebungen von „in.Stuttgart" – der für den Wasen verantwortlichen Veranstaltungsgesellschaft der Landeshauptstadt – haben ergeben, dass 40 Prozent der Besucher aus Stuttgart kommen, 45 Prozent aus der Region und verschiedenen Teilen Deutschlands. Rund 15 Prozent der Wasenfans reisen aus dem Ausland an – mit steigender Tendenz. Daher wird auch so langsam das große Potenzial des Wasens entdeckt, das nicht nur Touristiker nutzen können, um Stuttgart, die Region und damit auch Baden-Württemberg im Ausland bekannter zu machen.

Wasen – was ist das eigentlich?

VIELE WISSEN NICHT, dass es nicht nur den Cannstatter Wasen gibt, sondern dass viele Gemeinden einen Wasen haben. Allerdings haben diese meist nichts mit Vergnügen zu tun.

Um es klar zu sagen: Es heißt *der* Wasen und nicht die Wasen, wie mancher Zugereiste oft in Anlehnung an die Wiesn in der bayerischen Hauptstadt vermutet. Fragt man Einheimische nach dem Wasen, werden sie sicher sofort auf die große Veranstaltungsfläche am Cannstatter Neckarufer hinweisen, auf der nicht nur alljährlich das Volksfest im September und Oktober, sondern auch das Frühlingsfest und so manche Rock-Konzerte und andere Events stattfinden. Wasen – manchmal auch Waasen ausgesprochen – steht in vielen schwäbischen Gegenden für Allmendflächen. So gibt es nahezu in jeder Neckargemeinde Gewanne – also Markungsteile – mit dem Namen Wasen.

Diese Allmendflächen hatten früher vielerlei Funktionen. Auch gab es damals am – natürlich noch nicht kanalisierten – Neckar Viehweiden, die gemeinschaftlich genutzt wurden. Auch Gänse- und Entengärten und noch früher auch der Schinder-Anger gehörten zum Wasen. Das waren einst die Plätze, zu denen man Schlachtabfälle und tote Tiere gebracht hat. Weil diese Allmendflächen gemeinschaftlich genutzt wurden und deshalb im Besitz der jeweiligen Gemeinde waren, wurden sie mit der Neckarkanalisation und der anwachsenden Bevölkerung nach dem Krieg für allerlei Zwecke verwendet.

Einerseits hatte sich die Form der Landwirtschaft geändert und bäuerliche Strukturen verschwanden, andererseits gab es Bedarf für Sportanlagen, Wohn- und Gewerbegebiete. Da der Wasen in den jeweiligen Gemeinden öffentliches Land war, konnte auf dieses schnell zurückgegriffen werden, als etwa Wohnraum gebraucht wurde. Die „Flüchtlingssiedlungen", wie sie von den Einheimischen bezeichnet wurden, befinden sich in so mancher Neckargemeinde auf früher als Allmende genutztem Wasen-Gelände. Darauf deuten oft Namen wie Ostlandstraße, Breslauer Straße, Sudetenstraße und anderes hin. Der Wasen war in vielen Gemeinden auch Ausgangspunkt für den sozialen Wohnungsbau.

Doch was heißt Wasen eigentlich? Manche Sprachforscher verweisen darauf, dass das Wort aus dem Althochdeutschen „Waso" hervorgegangen sei. Und dieses wiederum steht für eher sumpfige, nasse Wiesen und Auegebiete. Genau solche hat es ja vor der Neckar-Kanalisation, die in den 1950er-Jahren des letzten Jahrhunderts abgeschlossen wurde, überall gegeben. Doch das Wort Wasen gibt es auch in anderen Gebieten. So heißen Torfziegel und ausgestochene Rasenstücke in manchen Gegenden Österreichs ebenfalls Wasen. Auch im Bayerischen und in der Schweiz finden sich in Orts- und Gewann-Namen Hinweise auf Wasen. Heute ist der Begriff nirgends mehr so lebendig wie auf dem großen Festplatz mit der Bezeichnung Cannstatter Wasen. Jetzt muss es nur noch gelingen, den Bezug zum Neckar wieder mehr herzustellen. Damit der Wasen nicht nur Fest-Allmende ist, sondern auch seiner früheren Bedeutung mit der engen Verbindung zum Neckar wieder näher kommt.

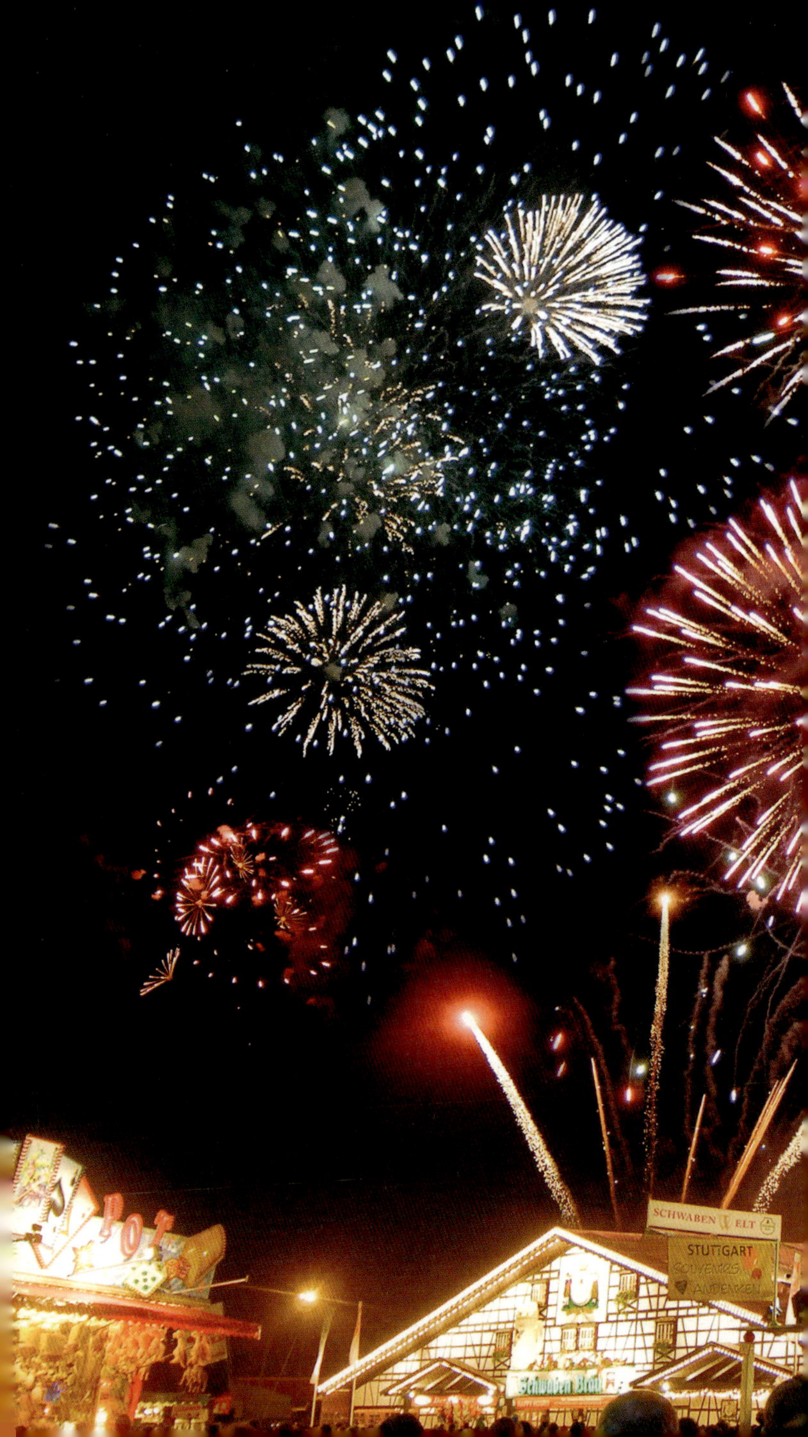
SCHWABEN ELT
STUTTGART
Schwaben Bräu

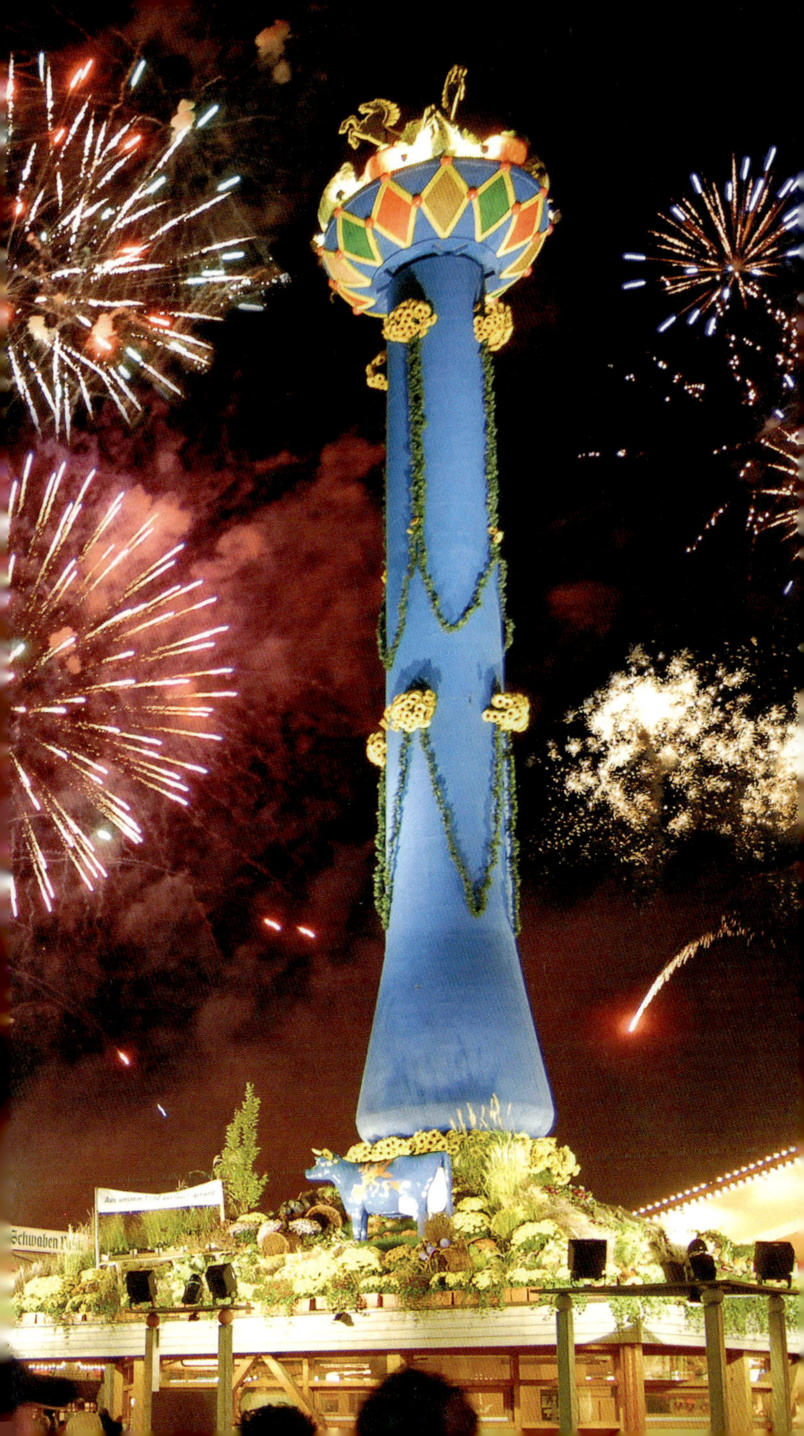
Schwaben

Die beliebtesten Volksfest-Lieder

„Auf 'm Wasa graset d' Hasa…",
„Auf und nieder…",
„Einen Stern, der deinen Namen trägt…":
Jede Zeit hatte und hat ihre ganz speziellen
Wasen-Hits. Und so manche Lieder haben
sich zu Volksfest-Evergreens entwickelt.
Ob traditionelle Lieder oder moderne
Stimmungshits – gemeinsames Singen
und Fröhlichsein macht Spaß. Dazu gehört
es aber, dass man die Liedtexte kennt,
um mitsingen zu können. Aus unzähligen
Hits von gestern und heute haben wir
unsere Lieblingstexte für Sie,
liebe Leserin, für Sie, lieber Leser –
ja, für alle Wasenbesucher – ausgewählt.
Viel Spaß beim Singen und Feiern!

WÜRTTEMBERGER HYMNE
„Der reiche Fürst"

Preisend mit viel schönen Reden
ihrer Länder Wert und Zahl,
saßen viele deutsche Fürsten
einst zu Worms im Kaisersaal,
einst zu Worms im Kaisersaal.

„Herrlich", sprach der Fürst von Sachsen,
„ist mein Land und seine Macht,
Silber hegen seine Berge
wohl in manchem tiefen Schacht,
wohl in manchem tiefen Schacht."

„Seht mein Land in üpp'ger Fülle",
sprach der Kurfürst von dem Rhein.
„Goldne Saaten in den Tälern,
auf den Bergen edlen Wein,
auf den Bergen edlen Wein."

„Große Städte, reiche Klöster",
Ludwig, Herr zu Bayern, sprach,
„schaffen, dass mein Land den euren
wohl nicht steht an Schätzen nach,
wohl nicht steht an Schätzen nach."

DIE BELIEBTESTEN VOLKSFEST-LIEDER

Eberhard, der mit dem Barte,
Württembergs geliebter Herr,
sprach: „Mein Land hat kleine Städte,
trägt nicht Berge silberschwer,
trägt nicht Berge silberschwer.

Doch ein Kleinod hält's verborgen,
dass in Wäldern noch so groß
ich mein Haupt kann kühnlich legen
jedem Untertan in Schoß,
jedem Untertan in Schoß."

Und es rief der Herr von Sachsen,
der von Bayern, der vom Rhein:
„Graf im Bart! Ihr seid der Reichste,
Euer Land trägt Edelstein,
Euer Land trägt Edelstein!"

Text: Justinus Kerner (1818) – Musik: anonym (um 1801)
Auffällig ist die Ähnlichkeit zur Marseillaise,
der französischen Nationalhymne.
Text und Noten wurden erstmals 1823 gemeinsam abgedruckt.

**Red' was wahr ist,
iss' was gar ist,
trink' was klar ist.**

SIERRA MADRE DEL SUR

Wenn der Morgen kommt und die letzten Schatten vergehn,
schaun die Menschen der Sierra hinauf zu den sonnigen Höhn,
schaun hinauf, wo der weiße Condor so einsam zieht,
wie ein Gruß an die Sonne erklingt ihr altes Lied:

>Sierra, Sierra Madre del Sur,
>Sierra, Sierra Madre!

Wenn die Arbeit getan, der Abend nur Frieden noch kennt,
schaun die Menschen hinauf, wo die Sierra im Abendrot brennt.
Und sie denken daran, dass das Glück oft schnell schon vergeht,
und aus tausend Herzen klingt es wie ein Gebet:

>Sierra, Sierra Madre del Sur,
>Sierra, Sierra Madre!

Interpreten: Ronny (1970), Zillertaler Schürzenjäger (1987) u.v.a.
Musik und Text: W. Roloff/H. Hee
© 1970 mit freundlicher Genehmigung Edition Maxim Bremen

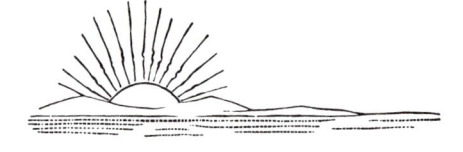

EINEN STERN, DER DEINEN NAMEN TRÄGT

Seit Jahren schon leb ich mit dir
und ich danke Gott dafür,
dass er mir dich gegeben hat.
Als Erinnerung an unser Leben
möchte ich dir heut' etwas geben,
ein Geschenk für alle Ewigkeit.

Einen Stern, der deinen Namen trägt,
hoch am Himmelszelt,
den schenk ich dir heut Nacht,
einen Stern, der deinen Namen trägt,
alle Zeiten überlebt
und über unsere Liebe wacht.

Irgendwann ist es vorbei
und im Himmel wird Platz für uns zwei,
doch dein Stern bleibt oben für immer und ewig steh'n
und auch noch in 1000 Jahren wird er deinen Namen tragen
und immer noch der schönste von allen sein.

Einen Stern, der deinen Namen trägt,
hoch am Himmelszelt,
den schenk ich dir heut Nacht,
einen Stern, der deinen Namen trägt,
alle Zeiten überlebt
und über unsere Liebe wacht.
(insgesamt dreimal)

Musik und Text: Nikolaus Presnik – © Tyroton Edition
Originalverlag: Tyrolis Musikverlag/Stall-Records
Subverlag für Deutschland: Tyroton Edition

Es tut mir sehr im Herzen weh, wenn ich vom Glas den Boden seh.

AUF 'M WASA

Auf 'm Wasa graset d' Hasa
ond em Neckor gambet d' Fisch,
liaber will i gar koi Schätzle,
als en so an Fedrawisch!

Gang mer weg mit Sametschüehla,
gang mer weg mit Bändela,
Bauramädla send mer liaber
als so Kaffeebembela.

Wo i hau mei Schätzele gnomma,
hat mei Muetter grausig dau,
hat me bei de Auhra gnomma,
d' Schdiega nabe bfluadra lau!

Sag du no zu deira Alda,
sui soll mi bussiera lau,
i werd scho mein Schatz virhalda,
sell wird sui en Dreck agauh!

Hender meiner Schwiegermuador
ihrem graußa Hemlbett,
schtot a ganzer Sack voll Sechser,
wenn i no dia Sechser hätt!

Wo i hau no kratzt ond bissa,
hat mi wella koina kissa,
seit i nemma kratz und beiß,
kriag i d' Kissla dutzendweis.

Kleine Kiegala mueß mor giaßa,
wemmer Vögela schießa will,
schöne Mädela mueß mer kießa,
wemmer schöne Weibla will.

Text und Melodie: schwäbisches Volkslied

**Nimm du täglich deinen Tropfen,
wird dein Herz stets freudig klopfen,
wirst im Alter – wie der Wein –
stets begehrt und heiter sein.**

GRIECHISCHER WEIN

Es war schon dunkel,
als ich durch Vorstadtstraßen heimwärts ging.
Da war ein Wirtshaus, aus dem das Licht
noch auf den Gehsteig schien.
Ich hatte Zeit und mir war kalt,
drum trat ich ein.

Da saßen Männer mit braunen Augen
und mit schwarzem Haar,
und aus der Jukebox erklang Musik,
die fremd und südlich war.
Als man mich sah, stand einer auf
und lud mich ein.

Griechischer Wein
ist so wie das Blut der Erde.
Komm schenk dir ein,
und wenn ich dann traurig werde,
liegt es daran,
dass ich immer träume von daheim,
du musst verzeihn.

Griechischer Wein
und die altvertrauten Lieder,
schenk noch mal ein,
denn ich fühl die Sehnsucht wieder, in dieser Stadt,
werd ich immer nur ein Fremder sein und allein.

Und dann erzählten sie mir von
grünen Hügeln, Meer und Wind,
von alten Häusern und jungen Frauen,
die alleine sind,
und von dem Kind,
das seinen Vater noch nie sah.

Sie sagten sich immer wieder,
irgendwann geht es zurück,
und das Ersparte genügt zu Hause
für ein kleines Glück,
und bald denkt keiner mehr daran,
wie es hier war.

Griechischer Wein
ist so wie das Blut der Erde.
Komm schenk dir ein,
und wenn ich dann traurig werde,
liegt es daran,
dass ich immer träume von daheim,
du musst verzeihn.

Musik: Udo Jürgens – Text: Michael Kunze
© 1974 by montana Musikverlag GmbH & Co. KG

ER GEHÖRT ZU MIR

Er gehört zu mir wie mein Name an der Tür
und ich weiß, er bleibt hier,
nie vergess ich unseren ersten Tag
na, na, na …
denn ich fühlte gleich, dass er mich mag
na, na, na …
Ist es wahre Liebe, die nie mehr vergeht,
oder wird die Liebe vom Winde verweht?

Er gehört zu mir wie mein Name an der Tür
und ich weiß, er bleibt hier,
alles fangen wir gemeinsam an
na, na, na …
doch vergess ich nie, wie man allein sein kann
na, na, na …
Steht es in den Sternen, was die Zukunft bringt,
oder muss ich lernen, dass alles zerrinnt?

Nein, ich habe es ihm nie leicht gemacht
na, na, na ...
mehr als einmal habe ich mich gefragt
na, na, na ...
Ist es wahre Liebe, die nie mehr vergeht,
oder wird die Liebe vom Winde verweht?

Er gehört zu mir, für immer zu mir,
für immer zu mir.
Er gehört zu mir wie mein Name an der Tür
und ich weiß, er bleibt hier,
er gehört zu mir.

Interpretin: Marianne Rosenberg – Musik: Joachim Heider
Text: Christian Heilburg – © 1975 by Edition Intro Meisel GmbH

WAHNSINN

Von dir keine Spur, die Wohnung ist leer
und mein Herz wie Blei so schwer,
ich geh kaputt und du bist wieder bei ihm.
Ich weiß nur eins, jetzt ist Schluss
und dass ich um dich kämpfen muss,
wo bist du? – sag mir – wo bist du?

Wahnsinn, warum schickst du mich in die
Hölle? Hölle, Hölle, Hölle.

Eiskalt lässt du meine Seele erfriern.
Das ist Wahnsinn, du spielst mit meinen
Gefühlen, und mein Stolz liegt längst
schon auf dem Müll, doch noch weiß ich,
was ich will – ich will dich.

Wahnsinn, warum schickst du mich in die
Hölle? Hölle, Hölle, Hölle.

Ich lauf im Kreis von früh bis spät,
denn ich weiß, dass ohne dich nichts geht,
ich brauche Luft, bevor mein Herz erstickt,
und wie ein Wolf renn ich durch die Stadt,
such hungrig unsre Kneipen ab,
wo bist du? – sag mir – wo bist du?

So ein Wahnsinn, warum schickst du mich in die Hölle? Hölle, Hölle, Hölle.

Interpret: Wolfgang Petry
Musik und Text: Hendrik, Tony/van Haaren, K/Merz, Joachim
© by Hanseatic Musikverlag GmbH & Co. KG

**Und draußen in dem dunklen Forst
erwacht die Gans im Adlerhorst.
Sie sieht sich um und spricht betroffen:
„Mein lieber Schwan, war ich besoffen!"**

AUF DER SCHWÄB'SCHE EISEBAHNA

Auf der schwäb'sche Eisebahna gibt's gar viele Haltschtationa,
Schtuegart, Ulm und Biberach, Mekkebeure, Durlesbach!
Trulla, trulla, trullala, trulla, trulla, trullala,
Schtuegart, Ulm und Biberach, Mekkebeure, Durlesbach!

Auf der schwäb'sche Eisebahna gibt's gar viele Restaurationa,
wo m'r essa, trinke ka, alles, was der Mage ma.
Trulla, trulla, trullala, trulla, trulla, trullala,
wo m'r essa, trinke ka, alles, was der Mage ma.

Auf der schwäb'sche Eisebahna braucht mer keine Postillone,
was ons sonst das Posthorn blies, pfeift ons jetzt die Lok'motiv.
Trulla, trulla, trullala, trulla, trulla, trullala,
was ons sonst das Posthorn blies, pfeift ons jetzt die Lok'motiv.

Auf der schwäb'sche Eisebahna könnet Kuh und Ochse fahra,
d' Studente fahre erste Klass, s' machet das halt nur zum Spaß.
Trulla, trulla, trullala, trulla, trulla, trullala,
d' Studente fahre erste Klass, s' machet das halt nur zum Spaß.

Auf der schwäb'sche Eisebahna wollt amal a Bäurle fahre,
goht am Schalter, lüpft de Hut: „Oi Bilettle, seid so gut!"
Trulla, trulla, trullala, trulla, trulla, trullala,
goht am Schalter, lüpft de Hut: „Oi Bilettle, seid so gut!"

Eine Geiß hat er sich kaufet und dass sie ihm net entlaufet,
bindet sie der guete Ma henta an d'r Waga na.
Trulla, trulla, trullala, trulla, trulla, trullala,
bindet sie der guete Ma henta an d'r Waga na.

„Böckle, tu nuer weitor sprenga, s' Futter werd i dir scho bringa",
setzt sich zu seim Weible na und brennt's Tabakspfeifle a.
Trulla, trulla, trullala, trulla, trulla, trullala,
setzt sich zu seim Weible na und brennt's Tabakspfeifle a.

Auf der nächste Stationa, wo er will sei Böckle hola,
findt er nur no Kopf ond Soil an dem hentra Wagatoil.
Trulla, trulla, trullala, trulla, trulla, trullala,
findt er nur no Kopf ond Soil an dem hentra Wagatoil.

Do kriegt er en große Zorne, nimmt der Kopf mitsamt dem Horne,
schmeißt en, was er schmeiße ka, d'm Konduktör an Schädel na.
Trulla, trulla, trullala, trulla, trulla, trullala,
schmeißt en, was er schmeiße ka, d'm Konduktör an Schädel na.

DIE BELIEBTESTEN VOLKSFEST-LIEDER

„Oh, du kannsch d'r Schada zahla, warum bisch d' au so schnell g'fahra!
Du alloi bisch schuld dara, dass i d' Geiß vorlaure ha!"
Trulla, trulla, trullala, trulla, trulla, trullala,
„du alloi bisch schuld dara, dass i d' Geiß vorlaure ha!"

So, jetzt wär das Lied gesunga, s' hätt euch in d' Ohre g'klunga.
Wer's no net begreife ka, fang's no mal von vorne a!
Trulla, trulla, trullala, trulla, trulla, trullala,
wer's no net begreife ka, fang's no mal von vorne a!

Text und Melodie: schwäbisches Volkslied
Veröffentlicht im Tübinger Kommersbuch (1853)

**Moses klopfte an einen Stein,
da wurde Wasser gleich zu Wein,
doch viel bequemer hast du's hier,
brauchst nur zu rufen:
„Mädla a Bier!"**

AB IN DEN SÜDEN

Oh willkommen, willkommen, willkommen, Sonnensschein,
wir packen unsere sieben Sachen in den Flieger rein.
Ja, wir kommen, wir kommen, wir kommen,
macht euch bereit!
Reif für die Insel, Sommer, Sonne, Strand
und Zärtlichkeit.
Raus aus dem Regen, ins Leben, ab in den Süden,
der Sonne entgegen, was erleben, einen heben
und dann Bikinis erlegen.
Jetzt kommt es dick, Mann, ich rette den Tag.
Ich sag: Ab geht die Party und die Party geht ab!

Und ich sag: Hey, ab in den Süden,
der Sonne hinterher, ejo, was geht,
der Sonne hinterher, ejo, was geht.
Ja, ich sag: Hey, ab in den Süden,
der Sonne hinterher, ejo, was geht,
der Sonne hinterher, ejo, was geht.
Sommer, Sonne, Sonnenschein, Sommer, Sonne,
Sonnenschein,
Sommer, Sonne, Sonnenschein, Sommer, Sonne,
Sonnenschein,
Sommer, Sonne, Sommer, Sonne,
Sommer, Sommer, Sommer...

DIE BELIEBTESTEN VOLKSFEST-LIEDER

Oh willkommen, willkommen, willkommen,
Sonnensschein,
den ganzen Tag am Strand ziehen wir uns
die Melonen rein.
Ja, Tequila, Tequila, Tequila, Wonderbra,
und heute Nacht machen wir noch die ganze Insel klar.
Raus aus dem Regen, ins Leben, ab in den Süden,
der Sonne entgegen, was erleben, einen heben
und dann Bikinis erlegen.
Jetzt kommt es dick, Mann, ich rette den Tag.
Ich sag: Ab geht die Party und die Party geht ab!

Und ich sag: Hey, ab in den Süden,
der Sonne hinterher, ejo, was geht,
der Sonne hinterher, ejo, was geht.
Ja, ich sag: Hey, ab in den Süden,
der Sonne hinterher, ejo, was geht,
der Sonne hinterher, ejo, was geht.

Na, na, na…
Na, na, na, na, na, hahaha!

Interpret: Buddy & DJ The Wave
Musik und Text: Jeglitza, Olaf/Koehler, Boris/Erl, Sebastian
© by Edition Phat Monday/ Hanseatic Musikverlag GmbH & Co. KG

WASEN, DU MEIN TRAUM
(Grandls Wasenhit)

Denk ich an Spaß und an Heiterkeit,
fällt mir immer nur unser Wasen ein.
In unserem Zelt ist unsere eigene Welt,
hier möchte ich sein, hier bin ich nie allein.

Wasen, du mein Traum, du mein Paradies,
bunter, leichter Traum, Wasen, du mein Traum.
Tage ohne dich deprimieren mich,
ich ertrag sie kaum, Wasen, du mein Traum.

Zum Feiern sind wir immer hier,
die Party steigt, das wissen wir.
Wasen, du mein Traaaum, Wasen, du mein Traaaum.

Du bist bei Tag und Nacht bereit,
schlafen gehe ich hier nur für ganz kurze Zeit.
Und wenn ich einst mal gestorben bin,
tragt mich vereint zum Wasen hin.

Wasen, du mein Traum, du mein Paradies,
bunter, leichter Traum, Wasen, du mein Traum.
Tage ohne dich deprimieren mich,
ich ertrag sie kaum, Wasen, du mein Traum.

Zum Feiern sind wir immer hier,
die Party steigt, das wissen wir.
Wasen, du mein Traaaum, Wasen, du mein Traaaum.

Ich komm zurück, Wasen, du mein Traum.
Ich komm zurück, Wasen, du mein Traum.
Ich komm zurüüüück, Wasen, duuuu mein Traaaum.

© Hans-Peter Grandl/
Königlich-württembergisches Hofbräu-Regiment

Prost und prost und immer wieder proscht, und wenn's des ganze Heisle koscht!

FIESTA MEXICANA

Hossa! Hossa! Hossa! Hossa!
Fiesta, Fiesta Mexicana,
heut geb ich zum Abschied für alle ein Fest.
Fiesta, Fiesta Mexicana,
es gibt viel Tequila, der glücklich sein lässt.
Alle Freunde, sie sind hier,
feiern noch einmal mit mir.
Wir machen Fiesta, Fiesta Mexicana,
weil ihr dann den Alltag, die Sorgen schnell vergesst.

Adio, Adio Mexico,
ich komme wieder zu dir zurück.
Adio, Adio Mexico,
ich grüß mit meinem Sombrero,
te quiero, ich habe dich so lieb.

Fiesta, Fiesta Mexicana,
auf der kleinen Plaza, da lacht man und singt.
Fiesta, Fiesta Mexicana,
wenn zum letzten Tanz die Gitarre erklingt.
Juanita, Pepe, ja die zwei
sagen noch einmal good-bye.
Wir machen Fiesta, Fiesta Mexicana,
weil das bunte Leben die Liebe zu uns bringt.
Hossa! Hossa! Hossa! Hossa!

Fiesta, Fiesta Mexicana,
bald schon wird es hell, denn der Morgen ist nah,
und ich küsse Carmencita,
denn ich weiß, die Stunde des Abschieds ist da.
Weine nicht, muss ich gehn,
weil wir uns ja wiedersehn,
bei einer Fiesta, Fiesta Mexicana,
dann wird alles wieder so schön, wie es mal war. Hossa!

La la la la la la la la la la la la
Fiesta, Fiesta Mexicana,
bald wird alles so schön,
ja du wirst es sehn,
darum bin ich bald wieder da.
Hossa! Hossa! Hossa! Olé!

Interpret: Rex Gildo – Musik: Ralph M. Siegel
Text: Michael Holm – © 1972 by Edition Intro Meisel GmbH

VERDAMMT, ICH LIEB DICH

Ich ziehe durch die Straßen bis nach Mitternacht,
ich hab das früher auch gern gemacht,
dich brauch ich dafür nicht.
Ich sitz am Tresen, trinke noch n' Bier,
früher war'n wir oft gemeinsam hier –
das macht mir, macht mir nichts.
Gegenüber sitzt 'n Typ wie ein Bär,
ich stell mir vor, wenn es dein Neuer wär' –
das juckt mich überhaupt nicht.
Auf einmal packt's mich, ich geh auf ihn zu
und mach ihn an: „Lass meine Frau in Ruh!"
Er fragt nur: „Hast du 'n Stich?"
Und ich denke schon wieder nur an dich.

Verdammt, ich lieb dich, ich lieb dich nicht.
Verdammt, ich brauch dich, ich brauch dich nicht.
Verdammt, ich will dich, ich will dich nicht.
Ich will dich nicht verlieren.

Verdammt, ich lieb dich, ich lieb dich nicht.
Verdammt, ich brauch dich, ich brauch dich nicht.
Verdammt, ich will dich, ich will dich nicht.
Ich will dich nicht verlieren.

So langsam fällt mir alles wieder ein,
ich wollt doch nur ein bisschen freier sein.
Jetzt bin ich's, oder nicht.
Ich passte nicht in deine heile Welt,
doch die und du ist, was mir jetzt so fehlt –
ich glaub das einfach nicht.
Gegenüber steht ein Telefon,
es lacht mich ständig an voll Hohn –
es klingelt, klingelt aber nicht.
Sieben Bier, zu viel geraucht,
das ist es, was ein Mann so braucht,
doch niemand, niemand sagt: „Hör auf".
Und ich denke schon wieder nur an dich.

Verdammt, ich lieb dich, ich lieb dich nicht.
Verdammt, ich brauch dich, ich brauch dich nicht.
Verdammt, ich will dich, ich will dich nicht.
Ich will dich nicht verlieren.

Musik und Text: Bernd Dietrich/Matthias Reim
© by Känguruh Musikverlag GmbH & Co. KG

SUMMER OF '69

I got my first real six-string
Bought it at the five-and-dime
Played it, till my fingers bled
Was the summer of '69

Me and some guys from school
Had a band and we tried real hard
Jimmy quit and Joey got married
Shoulda known we'd never get far

Oh when I look back now
That summer seemed to last forever
And if I had the choice
Yeah – I'd always wanna be there
Those were the best days of my life

Ain't no use in complainin'
When you got a job to do
Spent my evenin's down at the drive-in
And that's when I met you, yeah

Standin' on your Mama's porch
You told me that you'd wait forever
Oh, and when you held my hand
I knew that it was now or never
Those were the best days of my life
Back in the summer of '69
Man we were killin' time

We were young and restless
We needed to unwind
I guess nothin' can last forever – forever, no, yeah

And now the times are changin'
Look at everything that's come and gone
Sometimes when I play that old six-string
I think about you, wonder what went wrong

Standin' on your Mama's porch
You told me that it'd last forever
Oh when you held my hand
I knew that it was now or never
Those were the best days of my life, oh yeah
Back in the summer of '69, uh-huh
It was the summer of '69, oh yeah, me 'n' my baby in '69
It was the summer, the summer, summer of '69

Musik und Text: Bryan Adams, James Douglas Vallance
© Irving Music, Inc.; Adams Communications,
Inc.; Almo Music Corp.; Testatyme Music
SVL: Rondor Musikverlag GmbH
(Universal Music Publishing Group, Germany)

99 LUFTBALLONS

Hast du etwas Zeit für mich?
Dann singe ich ein Lied für dich,
von 99 Luftballons
auf ihrem Weg zum Horizont.
Denkst du vielleicht grad an mich?
Dann singe ich ein Lied für dich
von 99 Luftballons
und dass so was von so was kommt.

99 Luftballons
auf ihrem Weg zum Horizont
hielt man für Ufos aus dem All.
Darum schickte ein General
'ne Fliegerstaffel hinterher,
Alarm zu geben, wenn's so wär.
Dabei war'n dort am Horizont
nur 99 Luftballons.

99 Düsenflieger,
jeder war ein großer Krieger,
hielten sich für Captain Kirk,
das gab ein großes Feuerwerk.
Die Nachbarn haben nichts gerafft
und fühlten sich gleich angemacht,
dabei schoss man am Horizont
auf 99 Luftballons.

99 Kriegsminister,
Streichholz und Benzinkanister,
hielten sich für schlaue Leute,
witterten schon fette Beute.
Riefen „Krieg!" und wollten Macht,
Mann, wer hatte das gedacht,
dass es einmal so weit kommt,
wegen 99 Luftballons,
wegen 99 Luftballons,
99 Luftballons.

99 Jahre Krieg
ließen keine Platz für Sieger,
Kriegsminister gibt's nicht mehr
und auch keine Düsenflieger.
Heute zieh ich meine Runden,
seh die Welt in Trümmern liegen,
hab 'nen Luftballon gefunden,
denk an dich und lass ihn fliegen.

Interpretin: Nena
Musik: Jörn-Uwe Fahrenkrog-Petersen – Text: Carlo Karges
© 1982 by Edition Hate der Emi Songs Musikverlag GmbH

**Hopfen und Malz,
Gott erhalt's.**

LIEBESKUMMER LOHNT SICH NICHT

Liebeskummer lohnt sich nicht, my Darling.
Schade um die Tränen in der Nacht.
Liebeskummer lohnt sich nicht, my Darling,
weil schon morgen dein Herz darüber lacht.

Im Hof da spielte sie
mit Joe von vis-à-vis,
dann zog er in eine
andre Stadt.
Wie hat sie da geweint
um ihren besten Freund.
Da gab ihr die Mama
den guten Rat:

Liebeskummer lohnt sich nicht, my Darling.
Schade um die Tränen in der Nacht.
Liebeskummer lohnt sich nicht, my Darling,
weil schon morgen dein Herz darüber lacht.

Mit achtzehn traf sie Jim.
Sie träumte nur von ihm,
zum ersten Mal verliebt,
das war so schön.
Doch Jim, der war nicht treu,
und alles war vorbei.
Da konnte sie es lange nicht versteh'n.

Liebeskummer lohnt sich nicht, my Darling.
Schade um die Tränen in der Nacht.
Liebeskummer lohnt sich nicht, my Darling,
weil schon morgen dein Herz darüber lacht.

Bis dann der eine kam,
der in den Arm sie nahm.
Nun geht sie durch ein Leben voller Glück,
und gibt's von Zeit zu Zeit
mal einen kleinen Streit,
dann denkt sie an das alte Lied zurück:

Liebeskummer lohnt sich nicht, my Darling.
Schade um die Tränen in der Nacht.
Liebeskummer lohnt sich nicht, my Darling,
weil schon morgen dein Herz darüber lacht.

Interpretin: Siw Malmkvist – Musik: Christian Bruhn
Text: Georg Buschor – © 1964 by Hansa Musik Verlag GmbH

**Müde bin ich, geh zur Ruh,
decke meinen Bierbauch zu,
Herrgott, lass den Kater mein,
morgen nicht so grausam sein.
Bitte schenk mir wieder Durst,
alles and're ist mir wurscht!**

SKANDAL IM SPERRBEZIRK

In München steht ein Hofbräuhaus,
doch Freudenhäuser müssen raus,
damit in dieser schönen Stadt
das Laster keine Chance hat!
Doch jeder ist gut informiert,
weil Rosie täglich inseriert
und wenn dich deine Frau nicht liebt,
wie gut, dass es die Rosi gibt!
Und draußen vor der großen Stadt
stehen die Nutten sich die Füße platt!

Skandal (Skandal) im Sperrbezirk
Skandal (Skandal) im Sperrbezirk
Skandal
Skandal um Rosie!

Ja, Rosie hat ein Telefon,
auch ich hab' ihre Nummer schon.
Unter 32-16-8
herrscht Konjunktur die ganze Nacht.
Und draußen im Hotel d'Amour
langweilen sich die Damen nur,
weil jeder, den die Sehnsucht quält,
ganz einfach Rosies Nummer wählt.
Und draußen vor der großen Stadt
stehen die Nutten sich die Füße platt!

Skandal (Skandal) im Sperrbezirk
Skandal (Skandal)im Sperrbezirk
Skandal
Skandal um Rosie!

Ja, Rosie hat ein Telefon,
auch ich hab' ihre Nummer schon.
Unter 32-16-8
herrscht Konjunktur die ganze Nacht.
Und draußen im Hotel d'Amour
langweilen sich die Damen nur,
weil jeder, den die Sehnsucht quält,
ganz einfach Rosies Nummer wählt.
Und draußen vor der großen Stadt
stehen die Nutten sich die Füße platt!
Skandal (Skandal) im Sperrbezirk
Skandal (Skandal) im Sperrbezirk
Skandal
Skandal um Rosie!

Moral – Skandal
Moral – Skandal
Moral –
Skandal um Rosie!

Interpreten: Spider Murphy Gang (1981)
© 1981 by August Schnorrenberg Musikverlag, Bergisch Gladbach

MUSS I DENN

Muss i denn, muss i denn
zum Städtele hinaus, Städtele hinaus,
und du, mein Schatz, bleibst hier?
Wenn i komm', wenn i komm',
wenn i wieder, wieder komm',
kehr' i ein, mein Schatz, bei dir.
Kann i glei net allweil bei dir sein,
han i doch mei Freud' an dir!
Wenn i komm', wenn i komm',
wenn i wieder, wieder komm',
kehr i ein, mein Schatz, bei dir.

Wie du weinst, wie du weinst,
dass i wandern muss, wandern muss,
wie wenn d' Lieb' jetzt wär' vorbei!
Sind au drauß, sind au drauß
der Mädele viel, Mädele viel,
lieber Schatz, i bleib dir treu.
Denk du net, wenn i ‚a andre seh',
no sei mei Lieb' vorbei;
sind au drauß, sind au drauß
der Mädele viel, Mädele viel,
lieber Schatz, i bleib dir treu.

Übers Jahr, übers Jahr,
wenn m'r Träubela schneid't, Träubela schneid't,
stell' i hier mi wiedor ein;
bin i dann, bin i dann
dein Schätzele noch, Schätzele noch,
so soll die Hochzeit sein.
Übers Jahr, do ist mei Zeit vorbei,
da g'hör i mein und dein;
bin i dann, bin i dann
dei Schätzele noch, Schätzele noch,
so soll die Hochzeit sein.

Interpreten: Elvis Presley (1960) u.v.a.
Text: Heinrich Wagner (1783–1863)
Altwürttembergische Melodie bearbeitet von
Philipp Friedrich Silcher (1789–1860)

**Friss und sauf,
solang dr's schmeckt,
scho dreimol isch's
Geld verreckt.**

Kleines Wasen-Schwaben-Lexikon

OB WAHL-SCHWABEN, die des Schwäbischen noch nicht ganz so mächtig sind, Zugereiste oder Gäste aus anderen Gegenden Deutschlands oder der Welt: Sie alle werden auf dem Volksfest viel mehr Freude haben, wenn sie ein Mindestrepertoire des schwäbischen Wasen-Vokabulars beherrschen.

Ganz davon abgesehen, dass wir Schwaben das Schwäbische (zu Recht) als eigene Sprache verstehen und viele junge Menschen trotz weltläufiger Erfahrung und trotz vieler Zugereisten (oder vielleicht gerade deswegen) zunehmend wieder ihre Sprachheimat entdecken und zumindest im Familien- und Freundeskreis das Schwäbische pflegen. Dass Schwäbisch seit etwa der letzten Jahrtausendwende – und hier sei ein kräftiges „Gott sei Dank" angebracht – wieder „en vogue" ist, zeigt nicht zuletzt der Einzug unserer Sprache in viele Radio-Werbespots und in Dialekt- und Heimatspalten mancher Tageszeitung.

Nur der SWR verleugnet zunehmend unsere Sprache und verbannt penetrant das Schwäbische in das dritte Fernseh-Programm. Ja, man ist wohl noch stolz darauf, die hier produzierten – und in Stuttgart und der Umgebung bzw. am Bodensee angesiedelten – Tatortfolgen weitgehend schwabenfrei zu halten. Ach, was haben da die Fernsehschaffenden vom östlichen Nachbar-Bundesland für ein beneidenswertes Selbstbewusstsein. Mal sehen, wann der SWR seine Schwaben-Diskriminierungspolitik beendet. Das kann dauern.

Deshalb wollen wir an dieser Stelle wenigstens ein Grundgerüst an Wasen-Schwaben-Wissen weitergeben. Ganz nach dem Motto: „Schwätzed halt mitanandor."

⟶ Agebba wia zeah naggde Negor, aber koi Goißle bocka lassa kenna

Angeben wie zehn nackte Neger, aber nicht imstande sein, seine Ziege von einem Geißbock befruchten zu lassen. Wollte man früher Zicklein aufziehen, dann ließ man die Geißen (Ziegen) im örtlichen Farrenstall vom gemeindlichen Ziegenbock decken. Wer sich nicht mal dieses leisten konnte, war schon eine arme Sau – also ein armer Mensch. Nahezu alle Schwaben können es nun einfach nicht leiden, wenn jemand so tut, als ob er vermögend wäre und über seine Verhältnisse lebt, aber tatsächlich weder ein eigenes Häusle (für die meisten Schwaben ein Muss) besitzt noch etwas auf der hohen Kante hat.

⟶ Bachl

Tölpel, ungeschickter (männlicher) Mensch. So wird etwa jemand bezeichnet, wenn er z. B. versehentlich einen Bierkrug oder ein Weinglas umwirft. Die Steigerung ist dabei der Granata-Bachl, also eine Granate von Bachl. Das ist quasi die schwäbische Auszeichnung für jemanden, den man in einem gewissen Augenblick für einen absoluten Tollpatsch oder auch ein wenig für dumm hält. Das weibliche Gegenstück ist die Schussl.

Bebbets Zeig
Klebriges Zeug. Abwehrende Bemerkung einer Schwäbin oder eines Schwaben, die befürchten, ein Kind nach dem Genuss von Zuckerwatte von Grund auf säubern zu müssen. So will mancher den Kauf von Süßwaren verhindern, was zum Glück für die Krämermarktstände meist nicht gelingt.

Bei dir fliaget d' Dauba naus!
Bei dir fliegen die Tauben aus! Gemeint ist, dass jemand auf der Toilette vergessen hat, seine Hose zuzuknöpfen bzw. den Reißverschluss zuzuziehen.

Bhäb
Bezeichnung für beengt, zu nahe oder zu knapp. Ist ein Bier bhäb eingeschenkt, so ist einfach zu wenig im Krug. Mir sen bhäb zsammaghockt. Wir saßen eng beieinander, kann umschreiben, dass viele Leute auf der Festbank saßen (was unter Umständen als ungemütlich empfunden wird). Oder aber das freudige Ereignis, dass sich zwei Menschen näher gekommen sind. So nahe, dass sie bhäb zusammensaßen. Sie isch ganz bhäb herkomma – sie hat sich an meine Seite gedrückt.

Daagdiab
Tagedieb oder Nichtsnutz. Bezeichnung für einen Menschen, den man auf dem Wasen entdeckt, bei dem man jedoch der Auffassung ist, dass er nicht nur feiern, sondern auch arbeiten sollte.

Dai (Dei) Hosalada (Hosadirle) isch offa!

Hinweis der besorgten Ehefrau, Freundin oder auch nur von Freunden an einen fröhlichen Zecher, der auf der Toilette vergessen hat, seine Kleidungsstücke wieder vollkommen in Ordnung zu bringen (siehe auch „Bei dir fliaget d' Dauba naus").

Daube Nuss

Taube Nuss. Weibliches Wesen, das man für unfähig oder dumm hält.

Des isch scho zaahld

Essen und Trinken, das bezahlt werden muss, lässt der Schwabe nicht im Glas oder auf dem Teller zurück. Es muss dann noch rein – und wenn es ihm speiübel wird. Hier gilt das Prinzip: No nix verkomma lassa (nichts verderben lassen).

D'r Kanal voll

„Du hasch d'r Kanal voll." Du bist betrunken. So sagt manche Frau zu ihrem Mann, wenn sie der Auffassung ist, dass er schon viel zu viel getrunken hat und es ratsam wäre, kein weiteres alkoholisches Getränk mehr zu bestellen.

D's deior!

Zu teuer! Klare Ansage, dass den Kindern nach reichlichem Konsum von Fahrgeschäften und allerlei Süßigkeiten keinerlei Ausgaben mehr zugestanden werden.

Duorscht wi a Semmre (i)

Durst haben wie eine Simri. Eine Simri oder Semmre ist eine schwäbische – mit einem großen, aus Spanholz geformten und einem metallenen Querstab (Handgriff) versehenen Sieb vergleichbare – Maßeinheit: Eine Simri fasst viel Inhalt und damit auch viel Flüssigkeit. Wer Durst hat wie eine Semmre/Simri, dem reicht ein Krug Bier nicht.

Duurml elendor

Ungezogenes Kind. Duurml allein meint Taumel, Schwindel. Ein Zustand, der sich unter anderem bei der Nutzung von Fahrgeschäften leicht einstellen kann.

En welchor Loosch semmor/sen mir?

In welcher Loge sitzen wir heute Abend zusammen? Frage an den Organisator eines schönen Wasen-Abends, der die Reservierung vorgenommen hat. Die Frage wird aber schon in der S-Bahn, in der Straßenbahn oder beim Zulaufen zum Festzelt so laut gestellt (oft, obwohl der Fragende genau weiß, wo er sitzen wird), damit alle Zuhörenden auch genau erfahren, dass da jemand (Wichtiges) einen Logenplatz hat.

Gang m'r net uf d'r Weckor

Gehe mir nicht auf den Wecker. Nerv mich nicht.

Geggale

Göckele oder Brathähnchen. Manchmal wird der Begriff auch für ein gebräuntes, weibliches Wesen verwendet, dem man ansieht, dass sie sich auf Malle (Mallorca) hat grillen lassen.

⸺⟲ Gell, do glotsch!

Da kannst du aber große Augen machen! Stolze Äußerung eines Wasen-Besuchers, der einem Kumpel seine neue Freundin oder seine Tochter vorstellt. Der universelle Satz gilt aber für vieles. So etwa auch als neiderregende Äußerung über den soeben eingetroffenen, riesigen Schweinehaxen, das neue Auto, Haus oder die neue Wasen-Tracht.

⸺⟲ Gschwätz, saudomms!

Du redest dummes Zeug daher. Nicht nur eine Feststellung, sondern ultimative Aufforderung an einen Sitznachbarn, bei einem bestimmten Thema am besten die Klappe zu halten.

⸺⟲ Guck

Meist eine Papiertüte. Die Verkleinerungsform ist Gückle, die Spitzguck ist eine ganz besondere Darreichungsform. Wer „a Guck Maagabrod" verlangt, bekommt eine Tüte Magenbrot, aber auch gebrannte Mandeln, Gummibärle oder Lakritzschnecken kann man offen, in der Guck, kaufen. Guck heißt aber auch: Schau mal!

⸺⟲ Habrgois

Dürre weibliche Person. Der Begriff gilt normalerweise für Weberknechte, Kohlschnaken und Wandkanker; also Spinnentiere oder Insekten mit langen dünnen Beinen, die man oft im Gras, Heu oder im Getreide (dafür steht der Habr – also Hafer) aufscheucht. Wer ein Mädchen oder eine Frau als Habrgois bezeichnet, findet diese zu dünn und liebt selbst üppigere weibliche Formen.

Hasch no Märgla?

Hast du noch eine Wertmarke für Bier, Göckele oder andere Speisen? Vorsichtige Frage eines sparsamen Schwaben an seine Wasen-Begleitung, um sicherzustellen, dass ja auch keine Wertmarke übrig bleibt und schon gar nicht der eigene Geldbeutel unnötig strapaziert werden muss.

Hat's glappt?

Hat es geklappt? Hat etwas funktioniert? Auf dem Wasen vielfach anwendbar. Wird unter anderem an einen Freund gerichtet, der von der Toilette kommt. Oder als neugierige Frage einer guten Freundin bzw. einem guten Freund gestellt, wenn man wissen will, ob es beim Achterbahnfahren oder im Riesenrad zu einer Annäherung gekommen ist.

Heahle

Hühnchen, junges Huhn. Wird umgangssprachlich nicht auf Geggale (Göckele) angewandt, sondern gilt als Bezeichnung für ein junges, als unreif betrachtetes Mädchen. Plural: Heahla (junge Hühner).

Hendschich

Schwäbische Bezeichnung für einen Handschuh. Spricht jemand auf dem Fest oder anderswo von einem Hendschich, wenn gerade ein junger, dürrer, (noch) nicht für voll zu nehmender männlicher Mensch vorbeiläuft, so ist dies ein beschreibender Kurzkommentar, dem nichts mehr hinzuzufügen ist. Die weibliche Entsprechung ist Habergois.

I ben arm

Ich bin arm. Vielfach und gleichermaßen jammervoll geäußerter Lieblingssatz vieler Schwaben. Diese sind jedoch beleidigt, wenn es jemand glaubt.

Ja wia! Au do?

Erstaunter Ausruf, der eigentlich gar nicht als Frage gemeint ist und Freude ausdrückt, auf dem Wasen jemanden getroffen zu haben, mit dessen Anwesenheit man zuvor nicht gerechnet hat.

Kerle

Als Kerle werden nicht nur junge Männer bezeichnet. Auch gute Freunde reden sich oft mit Kerle an. „Kerle, saag's scho" (nun rück endlich mit der Neuigkeit raus).
„Bisch hald a Kerle" (du hast deine Sache gut gemacht).
„Auf, Kerle komm!" (komm, wir machen uns auf die Beine).

Mädle

Mädchen. Mit dieser Koseform reden viele männliche Schwaben weibliche Wesen zwischen 8 und 88 an, wenn sie ihnen sympathisch sind.

Mir hend koin Geldscheißer

Wir sind arm. Klare Ansage an die Partnerin/den Partner, dass jetzt genug Geld ausgegeben wurde. Auch geäußert zu Tischnachbarn, um klarzumachen, dass man nicht schon wieder in den Urlaub geht; auch wenn man es sich natürlich locker leisten könnte.

⚘ **Mords Kachl**
Bezeichnung für ein weibliches Wesen, das nicht mehr als vollschlank gelten kann. Hier greift dann der Schwabe auf die große Bratpfanne/Kasserolle (Kachl) zurück, womit in der Regel das Gesäß der betreffenden Person verglichen wird.

⚘ **Morga wiiedor?**
Einladende Frage, ob man am anderen Tag wieder zusammen auf den Wasen geht.

⚘ **Mir sottet**
Man sollte/Wir sollten. Damit kann man vieles umschreiben. So etwa, dass man aufbrechen sollte, um auf den Wasen zu kommen oder aber, um von dort wieder nach Hause zu gelangen. „M'r sott/Mir sottet" kann aber auch bedeuten, dass man jetzt dringend etwas essen sollte, dass Getränke nachgeordert werden müssen, dass man zu Hause anrufen sollte, um sich bei den Großeltern nach dem Befinden der Kinder zu erkundigen, und vieles, vieles mehr.

⚘ **Mugga-Seggale**
Ein Mücken-Penis, also das Geschlechtsteil einer männlichen Fliege. Für die Schwaben Bezeichnung für eine der kleinsten Einheiten. „Ruck no a Mugga-Seggale" ist die Aufforderung an die Sitznachbarin oder den Sitznachbar, noch ein klein wenig Platz zu machen. A Mugga-Seggale wird aber auch für viele andere Vergleiche herangezogen, so etwa wenn nur a Mugga-Seggale zum Eichstrich des Glases oder Kruges fehlt. Aber auch das ist für den Schwaben letztlich nicht hinnehmbar.

Nexnutz

Nichtsnutz, ungeschickter, untauglicher Mensch. Etwa eine Person, die man zu nichts gebrauchen kann.

No ois?

Auf das absolut Notwendigste beschränkte Frage, die vieles umfassen kann. Etwa, ob der Banknachbar auch noch ein Bier oder ein Viertele möchte. Dabei bleibt anzumerken, dass die Bezeichnung „Viertele" nur die Tatsache des Weintrinkens und beileibe nicht die Quantität umfasst. So kann das Viertele-Trinken in Gemeinschaft schnell mehrere Flaschen umfassen.

Oond?

Auf ein schlichtes Wörtchen reduzierte Frage, die nahezu alles umfassen kann. So etwa die Erkundung, wie es dem Bekannten, dem Freund oder der Freundin, die man nach einiger Zeit zufällig auf dem Wasen trifft, gerade persönlich geht. Oder etwa, ob der Kumpel die neue Wasenbekanntschaft beim Riesenradfahren schon erfolgreich anbaggern konnte. „Oond?" Ist vielleicht auch die Frage, ob der Schweinehaxen gut schmeckt, das Bier frisch ist oder ob die Achterbahn ohne Magengrimmen und die damit verbundenen Folgen erfolgreich überstanden wurde.

's oinzige Gmias, wo i mag, isch 's Bier.

Ruck doch hehr

Rück etwas näher an meine Seite. Liebevoll gemeinte Aufforderung an die nette Dame oder den netten Herrn, sich nicht zu scheuen und einfach ein wenig auf der Bank aufzurücken. Allerdings ist dies beileibe noch kein Freibrief, dem großzügigen Platzspender oder der Platzspenderin allzu sehr auf den Leib zu rücken. Das kann gefährlich werden, vor allem, wenn vielleicht der Ehegatte/Freund oder die Ehefrau/Freundin daneben sitzt.

Sag'es doch/Sag i's doch

Ich hab's ja auch schon gesagt. Bezeugung der absoluten Übereinstimmung mit der Ansicht des Gesprächspartners.

Sauguad

Etwas ist saumäßig gut bzw. es schmeckt hervorragend. Nicht mehr steigerungsfähiges Lob eines Schwaben für gutes Essen oder Trinken.

Scho uff'm Wasa gwäh?

Warst du schon auf dem Wasen? Während des Cannstatter Volksfestes oder des Stuttgarter Frühlingsfestes häufig zu hörende Frage in Straßenbahnen, S-Bahnen, Zügen, in Cafés, Restaurants und an vielen anderen Plätzen.

Seggl

Seckel. Eigentlich der Hodensack eines Ziegen- oder Schafbocks. Mit Seggl – womit nur Männer bedacht werden – werden vielerlei Auffassungen vom Gegenüber oder einer anderen Person

KLEINES WASEN-SCHWABEN-LEXIKON

beschrieben. Je nach Tonfall. „Seggl, bisch au do?" heißt: „Schön, dass ich dich mal wieder treffe". „Bisch abor a rechtor Seggl!" bedeutet, dass man jemanden schätzt. „Seggl, bleedor" heißt, dass man jemanden für blöde hält. „Granata saudommor Seggl" steht für Riesenarschloch. Kenner unterscheiden Seggl nach den enthaltenen „g". Ein bis drei „g" bedeuten „lieber Freund, toller Kumpel. Ab vier „g" wird's kritisch. Seggl mit fünf bis sieben „g" sind Vollidioten.

S'isch aabor Zeit!
Du bist/Ihr seid spät dran. Begrüßung für Freunde oder Familien-Mitglieder oder auch einzelne Personen, mit denen man sich an der Fruchtsäule verabredet hat und die zu spät kommen.

Schussl
Ungeschickte, tölpelhafte weibliche Person. Halt wenn jemand schusselig ist. Das männliche Pendant ist ein Bachl.

Wann got d'Elektrisch?
Frage älterer Wasenbesucher nach den Abfahrtszeiten der Straßenbahn.

Wem kearsch du? (Wem kaiorsch?)
Wem gehörst du? Frage besorgter Omas, Uromas und Mütter an Kinder, die scheinbar auf dem Wasen verloren gingen.

Lust auf mehr Schwäbisch? Wir empfehlen „Schwäbisch für Anfänger" von Christoph Sonntag, erschienen im Langenscheidt Verlag.

Wohin auf dem Wasen?
Die großen Zelte

Stuttgarter-Hofbräu-Festzelt (Grandls Hofbräuzelt)

Festwirt: Hans-Peter Grandl
Sitzplätze: rund 5800 einschließlich Biergarten
Brauerei: Stuttgarter Hofbräu
Spezialitäten: Schweinehaxen vom Schwäbisch-Hällischen Schwein, Hohenloher Weideochsen am Spieß, 's Grandele, Champagner, serviert im geeisten Steinkrug, Bio-Freilaufente

DIE GROSSEN ZELTE

Dinkelacker-Festzelt

Festwirte: Dieter und Werner Klauss
Sitzplätze: rund 5000
Brauerei: Dinkelacker Privatbrauerei
Spezialitäten: knusprige Ente mit Apfelrotkohl

Wilhelmers Schwabenwelt (Schwabenbräu-Festzelt)

Festwirt: Michael Wilhelmer
Sitzplätze: rund 5000 plus Emporen
Brauerei: Schwabenbräu
Spezialitäten: Bauernente, Schweinshaxe, Wildschweingulasch

Göckelesmaier

Festwirt: Karl Maier
Sitzplätze: rund 3500
Brauerei: Stuttgarter Hofbräu
Spezialitäten: Göckele aus Frischschlachtung und aus deutscher Bodenhaltung, „Feinkost-Böhm-Loge"

Cannstatter-Wasenzelt

Festwirtin: Sonja Merz
Sitzplätze: rund 3500
Brauerei: Dinkelacker
Spezialitäten: Franz Feckls krosse halbe Bauernente im Pfännle, Apfelrotkraut und Kartoffelknödel, Champagner-Bar, Single-Bar mit leckeren Cocktails

BrunnenHannes

- **Dirndl**
- **Lederhosen**
- **Volksfest-Outfits**

BrunnenHannes
Geißstraße 15
beim Hans im Glück-Brunnen
70173 Stuttgart

T 0711 27 384 35
F 0711 27 384 36

info@brunnenhannes.de
www.brunnenhannes.de

öffnungszeiten:
mo-fr 11-19.00 Uhr
sa 11-16.00 Uhr

Fürstenberg-Festzelt

Festwirt: Peter Brandl
Brauerei: Fürstenberg
Sitzplätze: rund 3300 und Empore
Spezialitäten: Schweinehaxen

Zum Wasenwirt

Festwirte: Max Rudi, Armin und Friedrich Weeber
Sitzplätze: rund 2900
Brauerei: Stuttgarter Hofbräu
Spezialitäten: Schweinehaxe vom Grill mit Rotkraut und Kartoffelknödel, üppiger Grillteller „Wasenwirt" mit verschiedenen Beilagen

Fürs Leben gern ein Stuttgarter.

Stuttgarter Hofbräu

Würzig-frisch

Almhüttendorf

Festwirtin: Nina Renoldi
Sitzplätze: rund 1500
Brauerei: Stuttgarter Hofbräu
Spezialitäten: Kulinarisches aus Tirol

Cannstatter Oberamt

Festwirt: Dieter Zaiß
Sitzplätze: rund 550
Brauerei: Stuttgarter Hofbräu
Außerdem: eigener Weinbau
Spezialitäten: schwäbische Spezialitäten

DIE GROSSEN ZELTE

Stamerhof

Festwirte: Henny und Ernst Stamer
Sitzplätze: rund 300
Brauerei: Schwabenbräu
Spezialitäten: große Weinauswahl mit Weinen der Stadt Stuttgart sowie Württemberger und Badener Weine, Schweinshaxen, Spanferkelbraten

*Hoch d'r Kolba,
nai d'r Zenka,
morga miaß m'r
Wassor drenka,
ibormorga Mooscht,
drom prooscht!*

Volksfest-Lieder

IN ALPHABETISCHER REIHENFOLGE

99 Luftballons	70
Ab in den Süden	60
Auf der schwäb'sche Eisebahna	57
Auf 'm Wasa	49
Einen Stern, der deinen Namen trägt	47
Er gehört zu mir	53
Fiesta Mexicana	64
Griechischer Wein	51
Liebeskummer lohnt sich nicht	72
Muss i denn	76
Sierra Madre del Sur	46
Skandal im Sperrbezirk	74
Summer of '69	68
Verdammt, ich lieb dich	66
Wahnsinn	55
Wasen, du mein Traum	62
Württemberger Hymne („Der reiche Fürst")	43

Herrlich ist der Gerstensaft, gibt mir Mut und gibt mir Kraft.

SERVICE

Stichwortverzeichnis

Allmendflächen .... 38 f.
Bäuerliche Erzeugergemeinschaften 27, 34, 36
Cannstatt .... 18 f., 26 f.
Cannstatter Volksfestverein 27
Drais, Karl 14
Energie-/Wasserverbrauch ...... 35 f.
Humphrey, William 13
Hungersnot von 1816 .... 13 f.
Kaiser Wilhelm I. 18
König Wilhelm I. .... 11, 16 f., 18
Königin Katharina .... 16 f.
Landwirtschaftliches Hauptfest 11, 16
Ranzen .... 32 f.
Schwäbisch (als Volkssprache).. 78 f.
Thouret, Nikolaus Friedrich von 25
Umweltstiftung Naturelife-International 37
Universität Hohenheim 16
Vulkan Tambora .... 12 f.
Wasen (Wortbedeutung) .... 38 f.
Württemberger Wappen ...... 5, 28 f.

Spezialitäten aus der schwäbischen Küche im **HamppVerlag**

Markus Polinski und Andreas Krohberger
Kartoffelschnitz und Spätzle
Die besten Rezepte für den Gaisburger Marsch
96 Seiten, gebunden
ISBN 978-3-936682-86-1

Markus Polinski und Andreas Krohberger
Wurstknöpfle
Die besten Rezepte für eine fast vergessene Leibspeise
96 Seiten, gebunden
ISBN 978-3-936682-77-9

Danksagung

Unser herzlicher Dank gilt allen, die mitgeholfen haben, dass dieses Buch realisiert werden konnte. Für vielfache Kooperation danken wir Gunter Ehni, Alexander Kurz, Jürgen Mann, Elke Böder, Ilse Koller und Susanne Ott sowie Claudia Petermann und unseren Familien sowie dem Grandl-Team. Für langjährigen konstruktiven Dialog in Sachen Wasen sagen wir ein herzliches Dankeschön an Wasen-Bürgermeister Michael Föll sowie an die beiden Geschäftsführer der Veranstaltungsgesellschaft der Stadt Stuttgart „in.stuttgart" Andreas Kroll und Martin Rau und den für den Wasen zuständigen Abteilungsleiter von „in.stuttgart" Marcus Christen. Alle Genannten sind bei aller Weltoffenheit überzeugte Schwaben, die in ihrem Bereich helfen, die württembergischen Traditionen zu pflegen und fortzuentwickeln.

Dank gilt auch dem Grafiker Alessandro Oertwig, dem Zeichner Wolfgang Lang, der ideas & more GmbH, den Sammlern Susi Seydelmann und Jörg Kurz sowie allen, die uns darüber hinaus mit Rat und Tat zur Seite standen.